arte na escola

ENSINO FUNDAMENTAL • ANOS INICIAIS
ARTE • 3º ANO

3

Anamelia Bueno Buoro

- Licenciada em Educação Artística, com habilitação em Música, pelo Instituto Musical de São Paulo.
- Mestra e doutora em Comunicação e Semiótica pelo Departamento de Comunicação e Semiótica da Pontifícia Universidade Católica de São Paulo (PUC-SP).
- Professora de História da Arte e de Análise da Imagem em cursos de pós-graduação, graduação e em cursos de formação de professores.

Andrea Aly

- Bacharela em Propaganda, Publicidade e Criação pela Faculdade de Comunicação e Artes da Universidade Presbiteriana Mackenzie (UPM-SP).
- Especialista em História da Arte pela Fundação Armando Álvares Penteado (FAAP-SP).
- Artista plástica, ilustradora e professora de Arte e de cursos de formação de professores.

Karen Greif Amar

- Licenciada em Educação Artística pela Universidade Federal do Rio de Janeiro (UFRJ).
- Professora de Arte e de cursos de formação de professores.

Organizadora: Evelyn Berg Ioschpe

- Licenciada em Ciências Sociais pela Universidade Federal do Rio Grande do Sul (UFRGS).

São Paulo, 1ª edição, 2017

Arte na Escola — **Arte 3**
© Edições SM Ltda.
Todos os direitos reservados

Direção editorial — M. Esther Nejm
Gerência editorial — Cláudia Carvalho Neves
Gerência de *design* e produção — André Monteiro

Edição executiva — Ana Carolina Nitto e Pedro Cunha
Edição: Ana Carolina Nitto, Ana Luiza Couto, Ana Spínola, Andressa Paiva, Graziela Ribeiro dos Santos, Pedro Cunha, Regina Gomes

Suporte editorial — Alzira Bertholim, Fernanda Fortunato, Giselle Marangon, Talita Vieira, Silvana Siqueira

Coordenação de preparação e revisão — Cláudia Rodrigues do Espírito Santo
Preparação e revisão: Berenice Baeder, Cristiano Oliveira, Fernanda Oliveira Souza, Rosinei Aparecida Rodrigues Araujo, Valéria Cristina Borsanelli
Apoio de equipe: Beatriz Nascimento, Camila Durães Torres

Coordenação de *design* — Gilciane Munhoz
***Design*:** Carla Almeida Freire, Tiago Stéfano

Coordenação de arte — Ulisses Pires, Juliano de Arruda Fernandes, Melissa Steiner Rocha Antunes
Edição de arte: Danilo Conti, Ivan Toledo Prado

Coordenação de iconografia — Josiane Laurentino
Pesquisa iconográfica: Bianca Fanelli, Mariana Sampaio
Tratamento de imagem: Marcelo Casaro

Capa — Carla Almeida Freire, Gilciane Munhoz
Ilustração da capa: Carole Rénaff
Projeto gráfico — Gilciane Munhoz, Tiago Stéfano
Editoração eletrônica — Estúdio Anexo
Ilustrações — AidaCass, Bruno Nunes, Clara Gavilan, Pedro Hamdan

Fabricação — Alexander Maeda
Impressão — Forma Certa

Em respeito ao meio ambiente, as folhas deste livro foram produzidas com fibras obtidas de árvores de florestas plantadas, com origem certificada.

Dados Internacionais de Catalogação na Publicação (CIP)
(Câmara Brasileira do Livro, SP, Brasil)

Buoro, Anamelia Bueno
   Arte na escola, 3º ano : ensino fundamental, anos iniciais / Anamelia Bueno Buoro, Andrea Aly, Karen Greif Amar ; organizadora Evelyn Berg Ioschpe. — 1. ed. — São Paulo : Edições SM, 2017.

   Bibliografia.
   ISBN 978-85-418-1943-5 (aluno)
   ISBN 978-85-418-1944-2 (professor)

   1. Arte (Ensino fundamental) I. Aly, Andrea. II. Amar, Karen Greif. III. Ioschpe, Evelyn Berg. IV. Título.

17-10869   CDD-372.5

Índices para catálogo sistemático:
1. Arte : Ensino fundamental 372.5
4ª Impressão, 2023

Edições SM Ltda.
Rua Tenente Lycurgo Lopes da Cruz, 55
Água Branca 05036-120 São Paulo SP Brasil
Tel. 11 3117 7400
atendimento@grupo-sm.com
www.grupo-sm.com/br

Apresentação

Oi, aluna! Oi, aluno!

Nesta coleção de arte, você vai descobrir novas formas de observar, ouvir e sentir o mundo por meio de imagens, sons, movimentos e sensações.

Para isso, você vai apreciar objetos de arte diversos, explorar e experimentar as possibilidades das artes visuais, da música, da dança e do teatro, além de se expressar por meio dessas linguagens!

Com muita criatividade, você vai produzir trabalhos de arte que serão compartilhados com a turma, a comunidade escolar e os familiares.

Desejamos a você um ano cheio de criações e novos conhecimentos!

As autoras

Bruno Nunes/ID/BR

Como seu livro é composto

Abertura da unidade

Cada unidade começa com imagens e textos escritos que vão provocar você a pensar sobre o tema a ser trabalhado.

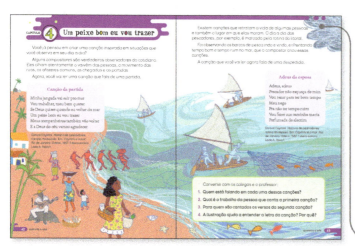

Abertura do capítulo

No início dos capítulos, você encontra objetos de arte, textos e imagens para refletir sobre o tema apresentado.

Descobertas

Nesta seção, você é convidado a descobrir mais sobre os artistas e os objetos de arte apresentados.

Repertório

Com esse boxe, você vai poder ampliar seu repertório de palavras ou expressões usados nos textos escritos deste livro.

Ateliê

Nesta seção, você vai usar a criatividade para produzir desenhos, pinturas, esculturas, entre outras coisas, relacionados ao capítulo.

Veja que interessante

Essa seção traz curiosidades do mundo da arte, conteúdos e mais objetos de arte relacionados ao capítulo.

Roda de conversa

Nesse boxe, você vai conversar com os colegas sobre os trabalhos de arte que vocês fizeram.

Em cena

Nesta seção, você vai se divertir e experimentar atividades de dança, música e teatro.

Vamos compartilhar

Esse é o momento de você e os colegas compartilharem opiniões sobre o que fizeram no capítulo e verificarem o que pode ser melhorado para tornar as aulas de arte cada vez mais interessantes.

Viagem pelo Brasil

Esta seção traz festas e outras coisas interessantes que acontecem no Brasil. Assim, você e sua turma podem aprender se divertindo.

Extra, extra!

No final de cada unidade, você encontra dicas de livros, filmes, *sites* e lugares para ampliar seu conhecimento em arte.

Sumário

Desafios da arte

Você já sabe que a arte é uma forma de expressão. Por meio dela, podemos comunicar ideias e sentimentos.

Muitos artistas se expressam representando pessoas, objetos, seres e paisagens reais ou imaginários. Mas existem artistas que fazem diferente: usam apenas pontos, linhas, traços, formas e cores para se expressar.

Observe as imagens a seguir.

Peeter Viisimaa/iStock/Getty Images

Artistas e moradores pintaram de cores vivas as fachadas e os muros de residências da comunidade Santa Marta, na cidade do Rio de Janeiro, 2014.

Formas ondulantes nas dunas do Parque Nacional dos Lençóis Maranhenses, Barreirinhas, Maranhão, 2017.

Emaranhado de cordas e fios de rede de pesca artesanal em Florianópolis, Santa Catarina, 2017.

Muitas dessas formas e cores, formadas pela natureza ou por coisas que existem ao nosso redor, podem nos transmitir diferentes sensações. Nesta unidade, você vai conhecer artistas que nos mostram quantos objetos de arte interessantes é possível criar apenas com pontos, linhas, traços, formas e cores.

CAPÍTULO 1

Como se faz arte?

Nas imagens de abertura desta unidade, você viu a variedade de cores, formas e linhas que encontramos ao nosso redor. Mas você sabe como os artistas utilizam tudo isso para expressar ideias e sentimentos? Observe a imagem.

Tuca Reines/Arquivo Instituto Tomie Ohtake

Os artistas se expressam de jeitos muito diferentes. Alguns deles não têm a preocupação de representar a realidade. Eles estão interessados em nos transmitir o modo como sentem ou percebem o mundo.

Assim, modelando formas, fazendo riscos ou rabiscos e combinando diferentes materiais e técnicas, eles criam muitos objetos de arte. Observe novamente a imagem e preste atenção nos detalhes.

Agora, converse com os colegas e o professor:

1. O que você vê na imagem?

2. Onde esse objeto está?

3. Você acha que esse objeto é alto ou baixo? Por quê?

4. Será que é possível observar esse objeto de todos os lados? Por quê?

5. Como você acha que esse objeto foi feito?

6. Que forma esse objeto tem? Ele lembra alguma coisa?

Sem título, 2008, de Tomie Ohtake. Escultura em aço e tinta automotiva, 15 m. Parque do Emissário Submarino, Santos, São Paulo.

O objeto de arte que você viu na abertura deste capítulo é uma escultura feita pela artista Tomie Ohtake (1913-2015). Mas você sabe o que é uma escultura?

Escultura é um objeto de arte que pode ser visto de todos os lados. É só dar uma volta ao redor dele para conferir! Além disso, uma escultura tem formas que ocupam um lugar no espaço e pode ser feita de argila, pedra, cimento, metais, madeira, arame, plástico, etc.

A escultura que você conheceu na página anterior foi feita de aço pintado. Vamos observá-la novamente?

Sem título, 2008, de Tomie Ohtake. Escultura em aço e tinta automotiva, 15 m. Parque do Emissário Submarino, Santos, São Paulo.

A artista Tomie Ohtake nasceu no Japão e veio morar no Brasil aos 23 anos. Ela fez esse trabalho em homenagem aos imigrantes japoneses que chegaram de navio ao porto de Santos, em São Paulo, muito tempo atrás. Mas não podemos dizer que esse objeto de arte representa alguma coisa do mundo real. Sabe por quê?

Porque esse é um tipo de arte que chamamos de **abstrata**, ou seja, tem formas que não podemos definir!

Tomie Ohtake em 2004.

Quer saber de mais uma coisa interessante?

Tomie Ohtake não gostava de dar nome aos seus objetos de arte. Na opinião dela, cada pessoa devia buscar sua própria interpretação.

Você concorda com isso ou acha que os títulos dos objetos de arte nos ajudam a entender melhor o que está representado neles?

Em muitas de suas pinturas, Tomie Ohtake usou linhas, bolinhas, riscos, rabiscos, formas e manchas de cor. Tente descobrir esses elementos em mais um objeto de arte da artista.

Sem título, 1992, de Tomie Ohtake. Painel em pastilhas de vidro, 9 m. Escola Maria Imaculada, na cidade de São Paulo.

Você observou como a artista usou as cores? A forma arredondada vermelha se projeta para fora da tela e parece voar.

Também é interessante reparar que a imagem é composta de pequenos fragmentos coloridos. No fundo azul, cheio de manchinhas claras e escuras, tem um semicírculo mais claro que parece se projetar para a frente, destacando ainda mais a forma arredondada vermelha.

Incrível, não é? Podemos ter a impressão de que essa forma vermelha está solta no ar! Esses artistas parecem mágicos, não acha?

 **Ateliê**

- Agora que você já conheceu a arte abstrata, que tal experimentar fazer riscos e rabiscos coloridos e ver no que dá? Essa atividade será feita com toda a turma. Assim, fica muito mais divertido!

Lista de material

- papel *kraft*
- fita adesiva
- tinta guache de diversas cores
- pincéis

1. Afaste mesas e cadeiras da sala de aula, criando um espaço perto da lousa.

2. Ajude o professor a fixar o papel *kraft* na lousa.

3. O professor vai sortear um aluno por vez.

4. O aluno sorteado vai escolher uma cor de tinta e, com o pincel, fazer um risco ou um rabisco em qualquer parte do papel.

5. Todos devem participar, até que o papel esteja completamente preenchido de riscos e rabiscos.

6. Se você for chamado a participar mais de uma vez, escolha outra cor de tinta para deixar o trabalho bem colorido!

Clara Gavilan/ID/BR

 Roda de conversa

Depois de fazer muitos riscos e rabiscos, observe atentamente o trabalho de arte da turma e converse com os colegas e o professor:

1. Você identifica linhas e pontos nesse trabalho?

2. Existe alguma forma que você reconhece? Qual?

3. Depois de fazer esse trabalho, você consegue explicar a diferença entre a arte abstrata e a arte figurativa?

4. Você acha necessário dar um nome ao trabalho?

5. Se sim, qual nome seria?

- Agora, vamos fazer como a artista Tomie Ohtake e criar uma escultura que parece uma linha voando no ar? Para isso, siga as orientações.

1. Com as cores que quiser, pinte toda a superfície das folhas de papel-cartão, usando uma cor para cada folha. Espere a tinta secar.

2. Corte uma das folhas em tiras. A outra folha vai ser a base do seu trabalho.

3. Dobre ou torça as tiras de várias maneiras, até que fiquem do formato que você quiser.

4. Cole as tiras que você dobrou ou torceu umas nas outras, do jeito que quiser.

5. Depois, cole sua composição de tiras na folha de base. Sua escultura está pronta!

Lista de material

- 2 folhas brancas de papel-cartão
- pincel
- cola
- tesoura com pontas arredondadas
- tinta guache de várias cores

Clara Gavilan/ID/BR

Roda de conversa

Agora, forme uma grande roda com a turma e coloque as esculturas na mesa. Observe os trabalhos de arte que vocês fizeram e responda:

1. Qual foi o trabalho que mais chamou sua atenção? Por quê?

2. Você identifica formas nesses trabalhos?

3. Você reconhece semelhanças entre a escultura de Tomie Ohtake e os trabalhos de vocês?

Você descobriu que a artista Tomie Ohtake produziu objetos de arte abstrata combinando diversos elementos para expressar suas ideias.

Agora, imagine um artista que também fez isso, mas de um jeito muito diferente.

Pois é! O pintor Jackson Pollock (1912-1956) inventou uma maneira de pintar seus trabalhos que inovou a arte.

Pollock nasceu nos Estados Unidos e, assim como Tomie Ohtake, ele gostava de se expressar usando linhas, pontos e muitas cores, mas sem a intenção de representar formas reconhecíveis, ou seja, que podemos identificar.

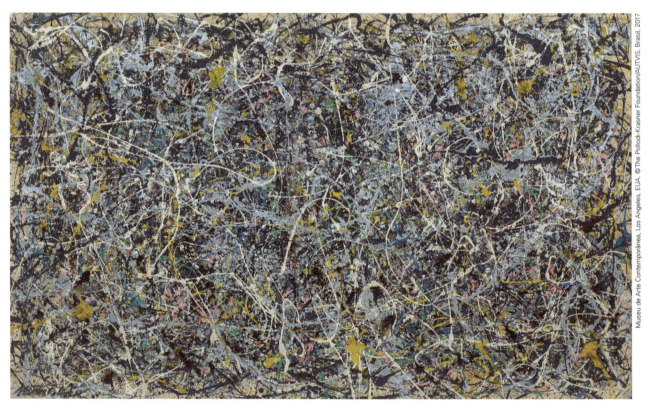

Museu de Arte Contemporânea, Los Angeles, EUA. © The Pollock-Krasner Foundation/AUTVIS, Brasil, 2017

Número 1, 1949, de Jackson Pollock. Tinta de esmalte e tinta metálica, 260 cm × 160 cm.

O que você vê na imagem? Você consegue reconhecer pontos e linhas?

E que cores você percebe nesse trabalho?

Como você imagina que o artista fez essa pintura?

Pollock ficou muito conhecido pela forma como pintava quadros como o da página anterior.

Para criar seus trabalhos, ele usava materiais como tela, pincéis e latas de tinta, mas de um modo inusitado.

Primeiro, ele estendia uma grande tela no chão. Depois, com uma lata de tinta furada ou um pincel, ele fazia movimentos e gestos em cima da tela, deixando a tinta escorrer ou gotejar sobre ela.

Por isso, essa técnica ficou conhecida como gotejamento.

Assim, Pollock criava efeitos bem diferentes, que eram combinados com os movimentos corporais que ele fazia e que dependiam do que estava sentindo e querendo expressar.

Jackson Pollock em seu estúdio na cidade de Nova York, Estados Unidos, 1949.

Você já tinha ouvido falar sobre essa técnica?

Será que dá para saber como eram os movimentos que o artista fazia olhando para a pintura da página ao lado?

Como você acha que deve ser a experiência de pintar um quadro desse jeito?

Pollock também não costumava dar nomes às pinturas que fazia. Muitos dos objetos de arte que ele criou são conhecidos por números em vez de nomes! Você imagina por quê?

 # Em cena

- Depois de conhecer a técnica de Jackson Pollock, chegou sua vez de experimentar unir pintura a movimentos do corpo! Para isso, siga as orientações.

Lista de material

- pincel de ponta chata
- tinta guache de várias cores
- papel *kraft*
- fita adesiva
- avental ou camiseta velha

1. Ajude o professor a afastar mesas e cadeiras para fixar o papel *kraft* no chão com a fita adesiva.

2. Vista um avental ou uma camiseta velha, para o caso de você se sujar de tinta.

3. O professor vai sortear um aluno por vez. O aluno sorteado deve mergulhar o pincel na tinta preparada pelo professor e, fazendo movimentos com o corpo, deixar a tinta pingar sobre o papel.

4. Lembre-se: a tinta deve pingar do pincel de acordo com os movimentos do seu corpo! Você pode dançar, apontar, sacudir o pincel. Enfim, fazer os movimentos que quiser!

5. Cada aluno vai participar mais de uma vez, até que o papel esteja bem preenchido de tinta. A cada rodada, procure variar os movimentos do corpo e as cores de tinta.

Roda de conversa

Depois de pintar movimentando o corpo, aguarde o trabalho secar. Em seguida, ajude o professor a expor o trabalho na lousa e responda:

1. Como foram os movimentos corporais que você fez?

2. Você percebeu se a tinta pingou mais ou menos dependendo dos seus movimentos?

3. Como foi a experiência de criar um trabalho de arte com os movimentos do corpo?

Vamos compartilhar

Neste primeiro capítulo, você e os colegas aprenderam muitas coisas. Agora, vamos relembrar tudo o que fizemos?

1. Na abertura deste capítulo, você conheceu um objeto de arte. Que tipo de objeto era esse?

2. Era pequeno ou grande? De que cor?

3. Na seção *Descobertas*, você aprendeu muitas coisas sobre uma artista. Qual é o nome dela? De que país ela veio?

4. O que você fez na seção *Ateliê*?

5. Na seção *Veja que interessante,* você conheceu um artista que pintava de um jeito especial. Qual é o nome dele? E como é esse jeito especial de pintar?

6. O que a turma fez na seção *Em cena*?

7. O que você mais gostou de aprender neste capítulo?

8. Que parte do capítulo você achou mais difícil?

Para terminar, use o espaço abaixo e registre um sentimento apenas com cores, traços, pontos e formas. Assim, você vai se expressar por meio de um desenho abstrato!

Abstrata e racional

Você já viu que os artistas criam objetos de arte que nem sempre nos mostram formas e figuras que podemos reconhecer. Produções artísticas desse tipo são chamadas de abstratas.

Agora, você vai conhecer mais uma maneira de criar objetos de arte assim.

Observe atentamente como o uso de linhas, formas e cores dão origem a esta pintura abstrata.

Composição II em vermelho, azul e amarelo, 1930, de Piet Mondrian. Óleo sobre tela, 46 cm × 46 cm.

Como você viu no capítulo anterior, ao observar as produções de Tomie Ohtake e Jackson Pollock, alguns artistas exploram linhas e formas curvas, manchas, respingos e rabiscos para compor seus objetos de arte abstrata.

Mas existem artistas que procuram se expressar por meio de formas retas, planas e exatas, com cores intensas e sem mistura. Com esses elementos, eles também criam arte abstrata. Veja alguns detalhes desta pintura.

Kunsthaus, Zurique, Suíça. Fotografia: ID/BR

Agora, converse com o professor e os colegas:

1. O que mais chama sua atenção nessa imagem?

2. Que cores você identifica na imagem?

3. Você consegue perceber alguma forma nessa pintura?

4. Além das cores e das formas, que outro elemento das artes visuais você percebe nesse objeto de arte?

5. O que você imagina que esteja representado nessa imagem?

A pintura que você viu na página anterior é do artista holandês Piet Mondrian (1872-1944). Na verdade, o nome de registro desse artista é Pieter Cornelis Mondrian.

Mondrian ficou muito conhecido por suas pinturas com linhas pretas de diferentes espessuras que se cruzam, formando figuras planas nas cores vermelha, azul, amarela e branca, como a da abertura deste capítulo. Observe de novo essa pintura.

O artista holandês Piet Mondrian e um de seus trabalhos, 1934.

Composição II em vermelho, azul e amarelo, 1930, de Piet Mondrian. Óleo sobre tela, 46 cm × 46 cm.

O trabalho de Mondrian parece simples, não é? Mas pode ter certeza de que nada em suas pinturas foi fácil de produzir. Ao contrário do que pode parecer à primeira vista, o artista pensou muito para criar o estilo de seus trabalhos.

Vamos conhecer mais uma pintura de Piet Mondrian? O artista holandês gostava muito de produzir em séries. Assim, é possível observar o desenvolvimento de sua técnica ao longo de suas produções.

Composição em vermelho, azul e branco II, 1937, de Piet Mondrian. Óleo sobre tela, 75 cm × 60 cm.

Museu Nacional de Arte Moderna, Paris, França. Fotografia: Peter Willi/Bridgeman Images/Easypix

Você já reparou que nada, nada mesmo, na natureza é completamente plano, ou completamente reto, ou completamente branco ou preto? Se quiser, tente se lembrar de alguma coisa que existe na natureza com essas características. Pois é, não tem!

Por isso, quando Mondrian realiza essas composições, com essas formas, cores e linhas, ele está dizendo que a arte é uma criação do ser humano.

 **Ateliê**

Sabe o que o vermelho, o azul e o amarelo têm em comum? Eles são **cores primárias**!

Cores primárias é o nome que damos às cores que, quando são misturadas, dão origem a outras cores, as chamadas **cores secundárias**.

Lista de material
- pedaços de cartolina branca
- tintas guache vermelha, azul e amarela
- copo com água
- copinhos plásticos
- papel toalha
- pincéis

- Agora que você sabe quais são as cores primárias, vamos brincar de misturá-las para ver no que dá? Siga as orientações do professor.

1. Comece colocando pequenas quantidades de tinta azul, vermelha e amarela em copinhos diferentes.

2. Em outro copinho, coloque um pouco das tintas amarela e azul e misture. Que cor você obteve?

3. Misture, em outro copinho, um pouco da tinta vermelha com a amarela. E agora, que cor foi formada?

4. Coloque um pouco de tinta vermelha em outro copinho e misture a tinta azul. Que cor você criou?

5. Essas cores que surgiram são as cores secundárias. Agora, experimente misturar uma das cores secundárias com uma das cores primárias. Que cor será que vai aparecer?

6. Por fim, pinte os pedaços de cartolina que o professor vai distribuir, usando as cores que você criou!

- Chegou a hora de você criar uma pintura abstrata! Forme um grupo com mais três colegas para transformar as formas que vocês pintaram em um grande trabalho de arte!

Lista de material
- fita adesiva
- tesoura com pontas arredondadas
- tinta guache preta
- pincéis

1. Juntem todos os pedaços de cartolina pintados e pensem em um jeito de organizá-los para criar uma única pintura. O mais importante é vocês decidirem juntos como usar cada forma e cada cor.

2. Depois de escolher, com a ajuda do professor, a posição de cada pedaço de cartolina dentro da composição maior, fixem as peças usando fita adesiva. Mas lembrem-se: façam isso pelo verso do trabalho. Assim, ele vai ficar com um acabamento bem bonito.

3. Com o pincel, utilizem a tinta guache preta para pintar linhas de diferentes espessuras entre as formas que vocês colaram.

4. Escolham um local da escola para expor o trabalho de arte que vocês fizeram e ajudem o professor a fixá-lo. Todos devem participar!

💬 Roda de conversa

Agora, observe os trabalhos de arte da turma e converse com os colegas e o professor:

1. Qual trabalho chama mais sua atenção pelo uso das cores?
2. Em qual trabalho as linhas se destacam?
3. O que você acha que cada trabalho representa?
4. Se você fosse dar um nome ao trabalho de seu grupo, qual seria?
5. O que você achou de fazer esse trabalho?

Veja que interessante

Você viu que Mondrian gostava de explorar as cores em seus trabalhos. Será que existem outras formas de fazer isso, além da pintura?

Existe, sim! Muitos artistas exploram as cores de jeitos diferentes. Observe esta imagem.

Claudio Roberto/Acervo do fotógrafo

Apresentação do espetáculo *Poetas da cor*, da Cia. Druw, em São Paulo, 2016.

Nesse outro momento do espetáculo *Poetas da cor*, da Cia. Druw, vemos como a coreografia dá diferentes movimentos às cores, 2016.

Claudio Roberto/Acervo do fotógrafo

O espetáculo de dança *Poetas da cor* foi criado pela companhia de dança Druw, de São Paulo. Ele foi inspirado nas cores e nas sensações que elas despertam. No espetáculo, as cores vermelho, azul, amarelo, roxo e verde tornam-se personagens, e as combinações entre elas formam vários movimentos.

Então, vamos a um desafio: Que sensação cada cor desperta em você?

Pense um pouco sobre essa questão e, depois, converse com os colegas e o professor.

Em cena

- Agora que você conheceu o trabalho de uma companhia de dança que se inspirou nas cores para realizar um espetáculo, vamos fazer uma brincadeira?

1. A turma será dividida em grupos.

2. Cada integrante do grupo deve escolher uma cor e vestir roupas que sejam dessa mesma cor. Depois, juntos, devem escolher uma música para dançar.

3. Agora, cada aluno deve pensar nas sensações que a cor escolhida transmite e fazer movimentos para acompanhar a música.

4. É isso aí! Vamos ver como cada grupo representa as cores com música, gestos, movimentos do corpo, expressões do rosto e tudo mais. Bom divertimento!

Roda de conversa

Ao fim das apresentações, forme uma roda para conversar sobre o que você e o seu grupo fizeram.

1. Que cor você escolheu para representar?

2. Na sua opinião, qual é a sensação que a cor escolhida por você transmite?

3. Que movimentos você escolheu para representar a cor?

4. De qual apresentação de dança você mais gostou? Por quê?

Vamos compartilhar

Agora que estamos chegando ao final deste capítulo, vamos recordar o que você viu, conversando com os colegas e o professor. Estas perguntas vão ajudar você nessa conversa.

1. Que artista você conheceu na abertura deste capítulo?

2. Qual é a principal característica do objeto de arte que você conheceu desse artista?

3. O que você descobriu e fez na seção *Ateliê*?

4. Na seção *Veja que interessante*, você conheceu o trabalho de uma companhia de dança. Que companhia é essa? O que os artistas dessa companhia fizeram?

5. Que atividade com o corpo você fez na seção *Em cena*?

Observe mais uma vez a primeira imagem apresentada neste capítulo, *Composição II em vermelho, azul e amarelo*, de 1930.

Registre sua opinião com base na seguinte pergunta: As atividades realizadas neste capítulo mudaram a maneira como você enxerga essa imagem? De que forma?

_____

_____

_____

_____

_____

_____

Viagem pelo Brasil

Nesta unidade, você aprendeu que alguns artistas utilizam elementos como cor, forma e linha para criar objetos de arte abstrata. Mas você sabia que esses elementos também podem ser usados para criar **símbolos**?

Veja se você conhece o símbolo abaixo.

Esse é um dos símbolos internacionais da paz.

Esse símbolo foi criado em 1958 pelo artista e *designer* inglês Gerald Holtom. Desde então, ele ficou conhecido no mundo inteiro como o símbolo da paz.

Você sabia que, aqui no Brasil, ele ganhou cores para representar um importante bloco do carnaval de Salvador, na Bahia? É sim!

Dê só uma olhada.

O Carnaval de Salvador é famoso por contar com blocos que valorizam a cultura africana e afro-brasileira, como Olodum.

O bloco de carnaval Olodum foi criado em 1979, na cidade de Salvador, e hoje é bastante conhecido por seu ritmo marcado pelos tambores de origem africana.

Como você pode observar, o símbolo do Olodum é representado pela combinação do símbolo internacional da paz com as cores de um país da África, a Etiópia. Veja.

Símbolo do Olodum, importante bloco de carnaval de Salvador, Bahia.

Bandeira da Etiópia.

Além de trazer a mensagem de paz com o seu símbolo, o Olodum criou muitas músicas com essa mesma ideia. Que tal cantar uma delas com sua turma?

Manifesto pela paz

Veja o mundo imerso em ninharia
Fome, desemprego e ambição
Na base de tudo tem coisa do racismo
Que faz da violência uma tradição

Hoje estou na fonte dos desejos
Pra fazer valer um bom viver
Clamo a tolerância
Clamo a paz harmonia
Para um mundo florescer

O Olodum é pela vida
É pelo amor
Mas que beleza
Salve, salve
Deus dos deuses Olodum
Pela paz e pela fé nesta bandeira.

Adailton Poesia e Valter Farias. Manifesto pela paz. Intérprete: Olodum. Em: *Olodum pela vida*. Salvador: Cheiro Produções, 2003.

O tambor com cores do pan-africanismo, que propõe a união de todos os povos da África, é uma tradição do Olodum. Salvador, Bahia, 2017.

Que tal agora você e a turma toda se juntarem para criar um símbolo da paz para a escola?

Vocês podem usar e abusar da criatividade, utilizando os materiais que quiserem. A única restrição é que o símbolo de vocês deve conter apenas linhas, cores e formas, combinado?

Vamos lá!

Livros

Era uma vez três..., escrito por Ana Maria Machado e ilustrado por Alfredo Volpi. Editora Berlendis&Vertecchia (Coleção Arte para Criança).

Esse livro conta a história de três triângulos que desejavam ser muitas coisas – pipa, telhado, bandeira e muitos outros objetos –, até chegar à gaveta de bugigangas de uma avó, onde se tornaram estrelas em um caleidoscópio.

Trocoscópio, de Bernardo P. Carvalho. Editora Peirópolis.

Livro com 142 peças de diferentes cores, formadas por triângulos, retângulos, círculos, semicírculos e pintinhas, que se combinam ou se sobrepõem para criar novas cores e novas formas em um divertido jogo.

Vídeo

Traçando Arte: Tomie Ohtake, um programa da série criada pela TV Rá-Tim-Bum.

O vídeo é uma divertida viagem pela vida e pelos trabalhos da artista. A série tem dois protagonistas: Trácio e Jean Pierre. Eles são duas traças que vivem em um museu. Enquanto Jean Pierre conhece e tenta preservar as produções artísticas expostas no museu, seu amigo Trácio só pensa em comê-las. Disponível em: <http://tvcultura.com.br/videos/31313_tracando-arte-tomie-ohtake.html>. Acesso em: 23 dez. 2017.

Visitação: Instituto Tomie Ohtake

Localizado na cidade de São Paulo, o Instituto Tomie Ohtake se destaca pelas exposições que organiza e pela beleza de seu prédio, marcado pelas linhas curvas e pelas cores azul, vermelho e roxo. Mais informações sobre o local em: <www.institutotomieohtake.org.br>. Acesso em: 23 dez. 2017. Se em sua cidade tiver um lugar parecido, combine uma visita com o professor e os colegas.

UNIDADE 2

Música à beira-mar

O Brasil é um país com um extenso litoral. Isso quer dizer que temos muitas praias. É mar a perder de vista!

As praias podem ser o destino de férias e o lugar de moradia de muitos brasileiros. Elas podem, ainda, inspirar muitos artistas!

Você já foi à praia? De que você mais gostou nela?

Observe imagens de algumas praias brasileiras a seguir.

Jovens brincam no mar de Salvador, no bairro de Rio Vermelho, 2016.

Trecho de praia na ilha de Boipeba, Bahia, 2015.

Homem jogando uma rede de pesca no mar de Icapuí, Ceará, 2013.

Surfista no mar de Prado, na Bahia, 2017.

Nesta unidade, você vai conhecer artistas brasileiros que passaram a vida à beira-mar e tinham a natureza como fonte de inspiração para suas produções artísticas. Esses artistas se dedicaram à música e às tradições da cultura brasileira. Você está preparado para embarcar nessa jornada? Vamos lá?

A ciranda é de todos nós

Você conhece uma cirandeira? Sabe o que ela faz?

Se não souber, não tem problema! Pois, neste capítulo, você e os colegas vão conhecer uma cirandeira muito importante para nossa cultura.

Quem será ela?

Para descobrir de quem estamos falando, acompanhe a leitura das cirandas a seguir.

Eu sou Lia

Eu sou Lia da beira do mar
Morena queimada do sal e do sol
Da ilha de Itamaracá
[...]

Paulinho da Viola. Eu sou Lia. Intérprete: Lia de Itamaracá. Em: *Eu sou Lia*. Rio de Janeiro: Rob Digital, 2000. 1 CD. Faixa 1.

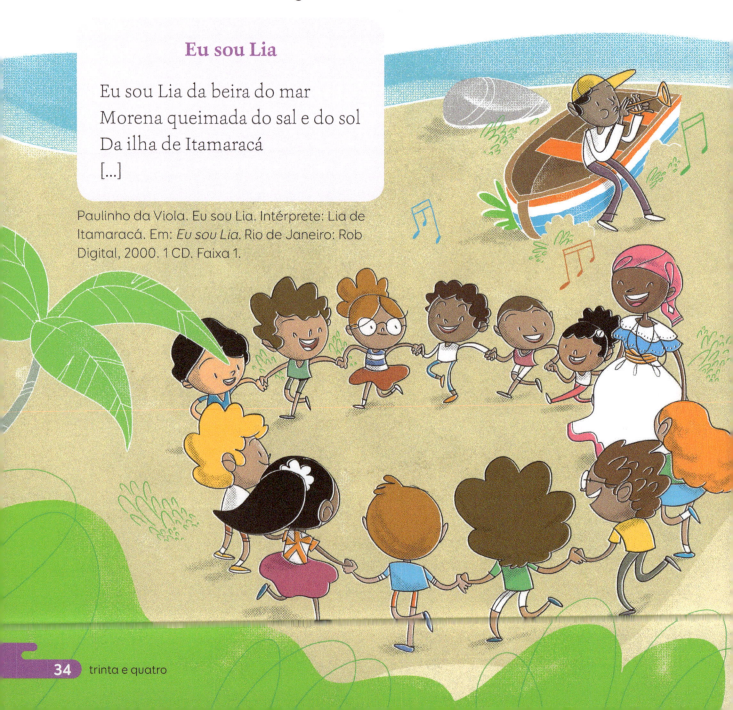

Minha ciranda

Minha ciranda não é minha só
Ela é de todos nós
Ela é de todos nós
A melodia principal quem guia
É a primeira voz
É a primeira voz

Pra se dançar ciranda
Juntamos mão com mão
Formando uma roda
Cantando uma canção
[...]

Capiba. Minha ciranda. Intérprete: Lia de Itamaracá. Em: *Eu sou Lia*. Rio de Janeiro: Rob Digital, 2000. 1 CD. Faixa 1b.

Agora que você conheceu as cirandas, converse com os colegas e o professor sobre as seguintes questões:

1. Quem é a cirandeira de que estávamos falando?

2. O que faz uma cirandeira?

3. De acordo com o texto, como se dança uma ciranda?

4. O que você achou dessa ciranda?

Você acabou de descobrir que Lia de Itamaracá é a importante cirandeira de que estávamos falando, não é mesmo? Nesta seção, você vai saber mais sobre ela e a ciranda.

Lia sempre morou na ilha de Itamaracá e foi a única de seus 21 irmãos a dedicar-se à música. Foto de 2017.

O nome de Lia, na verdade, é Maria Madalena Correia do Nascimento. Ela nasceu no dia 12 de janeiro de 1944, na ilha de Itamaracá, em Pernambuco.

Além de cirandeira reconhecida no Brasil e em outros países, Lia tem um centro cultural que leva seu nome, o Estrela de Lia, e já trabalhou como merendeira em uma escola de sua cidade.

Aos 12 anos, começou a participar de rodas de ciranda. Aos 19, como ela mesma diz, assumiu a responsabilidade de se apresentar. E viveu a cirandar!

Agora que você conheceu um pouco da história de Lia, que tal saber mais sobre a ciranda?

Você provavelmente deve conhecer a ciranda como uma brincadeira de roda infantil. Mas a ciranda também é uma manifestação artística que reúne crianças e adultos. Em roda, de mãos dadas, os cirandeiros cantam e dançam, acompanhados por músicos.

Observe a imagem de uma ciranda na ilha de Itamaracá.

Disponível em: <https://www.youtube.com/watch?v=3Pt3pjLjBog>. Acesso em: 26 dez. 2017.

Pessoas cirandando à beira-mar na ilha de Itamaracá, Pernambuco.

Você sabe como se dança a ciranda?

A música da ciranda tem marcação de quatro tempos.

Se a gente vai dançar em roda, essa marcação funciona assim: todos os cirandeiros fazem uma roda dando as mãos. Observe ao lado.

Eles começam a dançar cruzando a perna esquerda sobre a direita. Os braços acompanham, balançando para a frente. Esse movimento acontece no **tempo 1** da música.

A perna direita descruza, dando mais um passo para a direita. Esse movimento acontece no **tempo 2**.

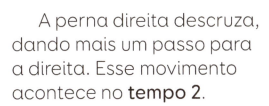

A perna esquerda cruza de novo, mas agora atrás da direita. Os braços agora vão um pouco para trás também. Isso acontece no **tempo 3**.

A perna direita descruza de novo, dando mais um passo para a direita, no **tempo 4**.

Ilustrações: Bruno Nunes/ID/BR

E assim, com dois passos para a frente e dois passos para trás, cruzando e descruzando, sempre em direção à direita, a roda vai rodando, rodando, rodando!

Com essa marcação de passos, nesse balanço, vai cirandando, cirandando, cirandando...

 **Em cena**

- Que tal preparar com os colegas uma apresentação para os alunos do 2º ano, contando a história de Lia e dançando a ciranda?

1. Contem ao professor o que aprenderam sobre a cirandeira Lia. Ele vai anotar a sequência das informações na lousa, formando um texto coletivo.

2. Escolham três ou quatro narradores da história. Eles vão ler o texto em voz alta na abertura da apresentação, juntos ou em forma de jogral, ou seja, cada um lê uma parte.

3. No dia da apresentação, enquanto os narradores leem a história de Lia, a turma entra em cena, de mãos dadas, formando uma roda bem bonita.

4. Quando terminarem de contar a história, os narradores devem ocupar um lugar na roda.

5. Com todos em roda, a música da Lia vai começar a tocar: é hora de cantar e dançar a ciranda que todos aprenderam.

6. Quando a música terminar, desfaçam a roda sem soltar as mãos dos colegas.

Bruno Nunes/ID/BR

7. Saúdem o público, inclinando o tronco para a frente.

8. Combine com os colegas e o professor a data de apresentação e ensaiem bastante.

 Roda de conversa

Depois de realizar a apresentação, converse com os colegas e o professor sobre as seguintes questões:

1. Você conseguiu cantar e dançar a ciranda?

2. Os ensaios ajudaram no aprendizado dos movimentos da ciranda?

3. Os narradores conseguiram contar a história de Lia à plateia?

4. O que foi mais difícil de fazer nessa apresentação?

Veja que interessante

Você sabia que as cirandas infantis são tema de muitos objetos de arte?

A artista visual Sandra Guinle criou uma série de esculturas de diferentes tamanhos para representar algumas brincadeiras infantis, inspirada em suas memórias de infância no interior de São Paulo. E é claro que uma dessas brincadeiras é a de ciranda!

Observe, a seguir, a imagem de uma escultura de cinco irmãs cirandando. Parece mesmo que elas estão se movimentando, não acha?

Cinco irmãs, 2005, de Sandra Guinle. Escultura em bronze, 60 cm × 50 cm × 60 cm.

O curioso no trabalho de Sandra Guinle é que suas esculturas podem ser tocadas pelo público. Isso não é muito comum em uma exposição, sabia?

Em geral, nas exposições, não é permitido tocar nos objetos de arte. Mas Sandra Guinle encoraja as pessoas a sentir suas esculturas com as mãos.

Algumas peças são presas a bases móveis, feitas para ser giradas e deslocadas no espaço. Isso porque uma das preocupações da artista é que as pessoas com deficiência visual possam ver suas esculturas por meio do toque. Legal, né?

🎨 Ateliê

- Com mais quatro colegas, crie uma escultura coletiva que represente uma ciranda. Faça a personagem que quiser!

Lista de material

- argila
- 1 recipiente de plástico para água
- plástico para forrar a carteira
- palito

1. Forre a carteira com o plástico, coloque um pouco de água no recipiente e compartilhe a argila com os colegas. Molhe um pouco as mãos para facilitar a modelagem da argila.

2. Retire seis pedaços da argila: o maior será o tronco, o menor será a cabeça e os demais, os braços e as pernas.

3. Faça pequenos rolos com cada pedaço, menos a cabeça, que deve ser uma bolinha.

4. Use um pouco de água para unir os braços (bem esticados) e as pernas ao tronco, passando o dedo na emenda até unir a massa. Grude a cabeça ao tronco igualmente.

5. Use o palito para desenhar detalhes do rosto e da roupa de sua personagem.

Pedro Hamdan/IDJBR

6. Una as personagens da ciranda pelos braços.

7. Agora é só deixar secar!

8. Quando todas as esculturas estiverem prontas e secas, combine com o professor um espaço para expor os trabalhos de arte produzidos.

💬 Roda de conversa

Depois de expor as esculturas, converse com o professor e os colegas sobre o que você fez:

1. Você gostou de trabalhar com argila? Por quê?

2. Você e os colegas conseguiram unir as personagens que produziram para formar uma única escultura de ciranda?

3. Que parte foi a mais difícil de fazer? E que parte foi mais fácil?

Vamos compartilhar

Que tal recordar tudo que foi feito neste capítulo? Reúna-se com os colegas e o professor para conversar sobre as questões abaixo.

1. Que músicas você conheceu no início do capítulo?

2. Que pessoa você conheceu por meio dessa música?

3. O que você aprendeu na seção *Descobertas*?

4. O que você fez na seção *Em cena*?

5. Que outra artista você conheceu neste capítulo? O que ela faz?

6. Que trabalho de arte você criou na seção *Ateliê*?

Agora, que tal pesquisar uma imagem bem bonita que representa a ciranda? Pode ser uma fotografia de uma roda de ciranda, ou uma pintura, ou ainda uma escultura sobre esse tema. Capriche na pesquisa e cole sua imagem abaixo.

Um peixe bom eu vou trazer

Você já pensou em criar uma canção inspirada em situações que você observa em seu dia a dia?

Alguns compositores são verdadeiros observadores do cotidiano. Eles olham atentamente o vaivém das pessoas, o movimento das ruas, os afazeres comuns, as chegadas e as partidas.

Agora, você vai ler uma canção que fala de uma partida.

Canção da partida

Minha jangada vai sair pro mar
Vou trabalhar, meu bem querer
Se Deus quiser quando eu voltar do mar
Um peixe bom eu vou trazer
Meus companheiros também vão voltar
E a Deus do céu vamos agradecer

Dorival Caymmi. História de pescadores: canção da partida. Em: *Caymmi e o mar*. Rio de Janeiro: Odeon, 1957. 1 disco sonoro. Lado A, faixa 1.

Existem canções que retratam a vida de algumas pessoas e também o lugar em que elas moram. O dia a dia dos pescadores, por exemplo, é marcado pela rotina do litoral.

Foi observando os barcos de pesca indo e vindo, enfrentando tempo bom e tempo ruim no mar, que o compositor criou essas canções.

A canção que você vai ler agora fala de uma despedida.

Adeus da esposa

Adeus, adeus
Pescador não esqueça de mim
Vou rezar para ter bom tempo
Meu nego
Pra não ter tempo ruim
Vou fazer sua caminha macia
Perfumada de alecrim

Dorival Caymmi. História de pescadores: adeus da esposa. Em: *Caymmi e o mar*. Rio de Janeiro: Odeon, 1957. 1 disco sonoro. Lado A, faixa 1.

Converse com os colegas e o professor:

1. Quem está falando em cada uma dessas canções?

2. Qual é o trabalho da pessoa que canta a primeira canção?

3. Para quem são cantados os versos da segunda canção?

4. A ilustração ajuda a entender a letra da canção? Por quê?

Vamos conhecer um pouco Dorival Caymmi (1914-2008), compositor brasileiro nascido na cidade de Salvador, capital da Bahia. Ele escreveu as canções que você conheceu na abertura deste capítulo: "Canção da partida" e "Adeus da esposa".

Essas canções fazem parte da suíte "História de pescadores", um conjunto de peças musicais que têm um tema comum.

Caymmi morou muitos anos na cidade do Rio de Janeiro. Na foto, ele passeia na praia de Ipanema, em 1997.

A suíte "História de pescadores" faz parte do disco *Caymmi e o mar*, de 1957. Ela inclui as músicas: "Canção da partida", "Adeus da esposa", "Temporal", "Cantiga de noiva", "Velório" e "Na manhã seguinte". A sequência dessas canções narra uma história triste. Só pelos títulos já dá para imaginar, não é mesmo?

Dorival Caymmi aprendeu a tocar violão ainda criança e logo começou a compor canções. Muitas delas têm como tema os pescadores e as praias da Bahia.

Quando tinha 24 anos, Caymmi se mudou para o Rio de Janeiro para estudar. Lá, ele conheceu vários músicos e compositores importantes.

Em 1954, Caymmi lançou seu primeiro LP (disco de longa duração). A imagem da capa desse disco é uma pintura feita por ele próprio. Além de criar músicas, Caymmi também gostava de pintar!

Atualmente, ele é considerado um dos compositores que ajudaram a tornar o samba um dos principais ritmos da música popular brasileira.

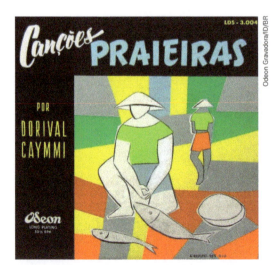

Canções praieiras, primeiro LP de Dorival Caymmi, lançado em 1954 pela gravadora Odeon.

Em cena

- Agora, vamos cantar com a turma toda? Forme uma grande roda com os colegas e cantem "Canção da partida".

1. Ouçam a canção e leiam a letra dela com a ajuda do professor.

2. Depois de ouvir a canção, vocês vão cantá-la.

3. Agora, vocês e os colegas vão marcar o ritmo com palmas e estalos.

4. Organizem-se em dois grupos e sigam as instruções do professor. Vamos lá?

Canção da partida

Minha jan**ga**da vai sa<u>ir</u> pro **mar**
Vou traba**lhar** meu bem quer**er**
Se Deus qui**ser** quando eu volt<u>ar</u> do **mar**
Um peixe **bom** eu vou traz**er**
Meus compa**nhei**ros também <u>vão</u> volt**ar**
E a Deus do **céu** vamos <u>agra</u>dec**er**

Pedro Hamdan/ID/BR

Roda de conversa

Depois de cantar bastante, vamos conversar sobre a atividade.

1. Você gostou de cantar "Canção da partida", de Dorival Caymmi?

2. Você conseguiu marcar o ritmo da canção com palmas e estalos?

3. Que parte da atividade foi mais difícil para você?

4. E qual foi a parte de que você mais gostou?

- Vocês cantaram "Canção da partida", de Dorival Caymmi, e marcaram o ritmo da música por meio de palmas e estalos. Agora, que tal fazer uma brincadeira com danças e movimentos corporais inspirados nessa canção?

1. Cortem cada rolo de papel em pedaços de aproximadamente 10 cm de largura.

2. Desenrolem o papel, abrindo as tiras. Elas vão representar as ondas do mar.

3. Formem dois grupos: o grupo das ondas e o grupo dos peixes.

4. Os integrantes do grupo das ondas vão ficar em pé, formando duas fileiras: uma de frente para a outra, separadas por um espaço grande.

5. Cada integrante vai segurar a ponta de uma tira de papel crepom. A outra ponta fica com o colega que está diante dele, na outra fileira.

Lista de material

- 1 rolo de papel crepom azul-escuro
- 1 rolo de papel crepom azul-claro
- 1 rolo de papel crepom verde
- tesoura com pontas arredondadas

Pedro Hamdan/ID/BR

6. Quando o professor tocar a música, os alunos do grupo das ondas vão explorar as tiras de papel para representar movimentos de ondas do mar como quiserem.

7. Nesse momento, os alunos-peixes entram no espaço entre as fileiras. O desafio é imitar peixes, fazendo diversos movimentos, mas sem rasgar as ondas de papel!

8. A brincadeira continua até a música terminar.

9. Depois, os grupos trocam de função e a brincadeira recomeça!

Pedro Hamdan/ID/BR

💬 Roda de conversa

Depois da brincadeira, é hora de conversar um pouco. Forme uma roda com os colegas para falar sobre a atividade.

1. Você prestou atenção no ritmo da música na hora de dançar?

2. Quem conseguiu imitar peixes sem rasgar as tiras de papel?

3. Você gostou de participar da brincadeira? Por quê?

4. Alguém da turma não ficou satisfeito com esse jeito de dançar? Por quê?

5. De que você mais gostou ao realizar essa atividade?

Veja que interessante

Assim como na música de Caymmi, o universo da pescaria e do mar é tema de outros objetos de arte, ganhando diversas formas de expressão.

O pintor suíço Paul Klee (1879-1940), por exemplo, representou peixes e plantas aquáticas na pintura abaixo.

Observe como o uso das cores chama atenção para os peixes.

Hamburger Kunsthalle, Hamburgo, Alemanha. Fotografia: ID/BR

O peixe dourado, 1925, de Paul Klee. Óleo e aquarela sobre papel, 49 cm × 69 cm.

O fundo escuro da pintura ajuda a destacar o vermelho e o dourado dos peixes. O peixe dourado parece até brilhar. E não só a cor é responsável por chamar nossa atenção para ele. A posição que o artista escolheu para pintá-lo também faz toda a diferença. Afinal, ele colocou o peixe dourado bem no centro da **composição**.

> **Composição:** modo como os elementos são organizados para compor um objeto de arte.

Não é à toa que esse peixe dá nome ao quadro, não é mesmo? Além disso, ele é o maior da imagem. Bem visível!

Observe o quadro mais uma vez. O que mais chamou sua atenção nessa pintura? Você acha que esses peixes estão no fundo ou no raso? Estão no mar ou no rio? Estão calmos ou agitados?

Quer ver mais um exemplo de como esse tema está representado em outro objeto de arte? Dessa vez, você vai observar uma fotografia.

Homem com dois peixes, 1992. Mario Cravo Neto ©IMCN 2017

Homem com dois peixes, 1992, de Mario Cravo Neto. Fotografia. Dimensões não disponíveis.

Essa fotografia é do artista baiano Mario Cravo Neto (1947-2009). Ele foi fotógrafo, escultor e desenhista. Em sua opinião, o que mais chama atenção nessa imagem: o homem ou os peixes?

O título desse objeto de arte é *Homem com dois peixes*. Mas, assim como no quadro de Paul Klee, os peixes parecem brilhar na imagem e ocupam grande parte da cena. Isso porque o enquadramento fechado e o efeito de luz na imagem deixam os peixes em evidência.

Observando a imagem desta página e a imagem da página ao lado, você percebeu como o mesmo tema pode inspirar trabalhos muito diferentes?

Em sua opinião, quais são as principais diferenças entre essas representações?

Qual delas é a sua preferida? Por quê?

Ateliê

Assim como na canção de Caymmi, o que você acha de trazer uns bons peixes para a sala de aula? Volte à página 48 e observe de novo a pintura de Paul Klee. Depois, observe abaixo os detalhes dessa pintura.

Hamburger Kunsthalle, Hamburgo, Alemanha. Fotografia: ID/BR

- Agora, crie com os colegas uma cena de fundo do mar.

  1. Em uma grande tira de papel pardo estendida no chão, desenhem peixes e plantas no fundo do mar.

  2. Quando ficarem satisfeitos com os desenhos, é hora de pintar!

  3. Ajudem o professor a fixar o papel em uma parede da sala de aula ou em outro lugar da escola.

  4. Pintem os peixes e as plantas como quiserem, usando tinta guache. Lembrem-se de pintar o fundo, para preencher todo o papel com tinta.

  5. Caprichem nas linhas, cores e formas!

Lista de material

- 1 rolo de papel pardo
- lápis grafite
- tinta guache de várias cores
- pincel
- recipiente de plástico para água
- pano de limpeza

🗨️ Roda de conversa

Agora vamos conversar sobre a atividade.

1. O que você vê primeiro quando olha a pintura coletiva feita pela turma?

2. Por que esse detalhe chama sua atenção?

3. Que cores se destacam?

4. O trabalho se aproxima da arte abstrata ou podemos reconhecer figuras?

5. Você ficou satisfeito com sua participação?

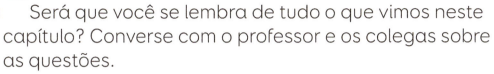

Será que você se lembra de tudo o que vimos neste capítulo? Converse com o professor e os colegas sobre as questões.

1. Que objetos de arte você conheceu na abertura do capítulo?

2. Que artista você conheceu na seção *Descobertas*?

3. Neste capítulo, você fez alguma atividade de dança e movimento corporal? Como foi?

4. O que você produziu na seção *Ateliê*?

5. Você conheceu outro artista brasileiro neste capítulo? Qual?

6. O que você mais gostou de aprender? Por quê?

7. Você teve dificuldade ao realizar alguma atividade? Qual?

Agora que você conversou com os colegas e recordou os aprendizados e as atividades do capítulo, pesquise mais informações sobre a vida no litoral e a rotina dos pescadores. Depois, escreva um pequeno texto abaixo.

Você já sabe que Dorival Caymmi viveu em duas lindas cidades do litoral brasileiro. Talvez seja por isso que tantas músicas de Caymmi falem do mar, das praias e dos pescadores.

Outros músicos criaram canções sobre o lugar onde vivem, como o interior de nosso país, suas paisagens e sua gente.

Um deles é Luiz Gonzaga (1912-1989), compositor, cantor e sanfoneiro, nascido no sertão de Pernambuco e conhecido como o Rei do Baião. Você já ouviu falar dele? Veja se você conhece esta canção:

Asa branca

Quando olhei a terra ardendo
Qual fogueira de São João
Eu perguntei a Deus do céu, ai
Por que tamanha judiação
Eu perguntei a Deus do céu, ai
Por que tamanha judiação

Que braseiro, que fornalha
Nem um pé de plantação
Por falta d'água perdi meu gado
Morreu de sede meu alazão
Por falta d'água perdi meu gado
Morreu de sede meu alazão

Até mesmo a asa branca
Bateu asas do sertão
Então eu disse, adeus Rosinha
Guarda contigo meu coração
Então eu disse, adeus Rosinha
Guarda contigo meu coração
[...]

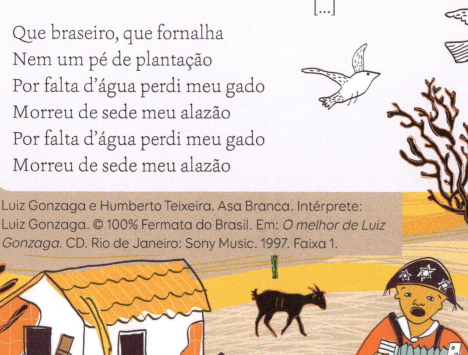

Luiz Gonzaga e Humberto Teixeira. Asa Branca. Intérprete: Luiz Gonzaga. © 100% Fermata do Brasil. Em: *O melhor de Luiz Gonzaga*. CD. Rio de Janeiro: Sony Music. 1997. Faixa 1.

Em 1947, Luiz Gonzaga gravou "Asa branca". Ela se tornou uma das canções mais conhecidas da música popular brasileira e foi regravada pelos artistas Dominguinhos, Fagner, Caetano Veloso e Gilberto Gil, entre muitos outros.

"Asa branca" também é a canção de que todos se lembram quando o assunto é baião. Mas, afinal de contas, o que é o baião? Você já tinha ouvido falar dele?

O baião é um gênero musical e uma dança popular da região Nordeste do Brasil. Ele já era dançado desde o século 19 nessa região, mas foi Luiz Gonzaga que tornou o baião conhecido em todo o país.

Luiz Gonzaga tocando sua sanfona em uma apresentação na cidade de São Paulo, 1980.

Grupo de dança folclórica Cidade Menina Moça dançando baião em Olímpia, São Paulo, 2017.

O baião se toca, se canta e se dança! Ele é uma importante manifestação de nossa cultura popular.

Como se pode notar na canção "Asa branca", as músicas do baião, em geral, falam da vida difícil do sertanejo nordestino, que muitas vezes precisa sair de sua terra por causa dos longos períodos de seca.

Luiz Gonzaga aprendeu a tocar sanfona com o pai dele. A sanfona também é chamada de acordeão. Com 12 anos, Luiz Gonzaga já tocava em festas populares, acompanhando o pai pelo sertão. Mas você pode estar se perguntando: "O que mais se usa para tocar baião?".

Observe a seguir os instrumentos que fazem parte de um conjunto de baião.

Zabumba.　　　Agogô.　　　Sanfona.　　　Triângulo.

Agora, que tal você e os colegas fazerem uma pesquisa sobre esses instrumentos?

1. Organize-se em um grupo. Cada grupo vai pesquisar um dos instrumentos.

2. Busque informações e imagens dos instrumentos em livros ou na internet.

3. Procure ouvir o som de cada um desses instrumentos.

4. Traga os resultados das pesquisas para a sala de aula e compartilhe as informações com os colegas em uma grande roda.

Depois de compartilhar as informações que você e os colegas pesquisaram, é hora de cantar e dançar um baião de Luiz Gonzaga! Juntos, cantem algumas vezes acompanhando o professor. Depois, toda a turma cantará e dançará o baião.

Boa diversão!

Extra, extra!

Sites

O Mapa do Brincar foi criado pelo suplemento infantil do jornal *Folha de S.Paulo*, a Folhinha. Ele reúne 750 brincadeiras de todo o país: cantigas de roda, cirandas e outras. Disponível em: < http://mapadobrincar.folha.com.br/brincadeiras > . Acesso em: 16 dez. 2017.

O *site* oficial de Dorival Caymmi apresenta imagens, textos, dados biográficos, fotos, pinturas e muito mais. Você pode ouvir muitas músicas interpretadas pelo artista e por seus filhos, Nana, Dori e Danilo. Disponível em: < http://www.dorivalcaymmi.com.br/ > . Acesso em: 16 dez. 2017.

Livros

Histórias de cantigas, organizado por Celso Sisto. Ilustrações de Claudia Cascarelli. Editora Cortez.

Quinze autores de diversas partes do Brasil deram as mãos para criar, cada um a seu modo, uma história inspirada em sua cantiga de roda preferida.

Brinquedos e brincadeiras, de Nereide Schilaro Santa Rosa. Editora Moderna.

Bolas e bonecas, pipas e piões, cabra-cega e ciranda são o tema desse livro. Ele conta como esses e outros brinquedos e brincadeiras divertiram crianças em diferentes lugares e inspiraram artistas como Belmiro de Almeida, Alfredo Volpi e Carlos Scliar.

Visitação: Museu Cais do Sertão

O Museu Cais do Sertão está instalado no antigo Armazém 10 do porto do Recife. Considerado um dos mais modernos centros culturais do Brasil, ele abriga uma exposição permanente sobre a cultura sertaneja e homenageia a vida e os trabalhos de Luiz Gonzaga, o Rei do Baião. Se em sua cidade tiver algum lugar dedicado à cultura popular, combine uma visita com o professor e os colegas.

Da vida para o palco

Você sabia que os movimentos que fazemos em nosso dia a dia podem virar dança? Sim, é verdade!

Então, se você se movimenta, está pronto para dançar. Ao brincar com os colegas, por exemplo, você realiza movimentos surpreendentes com seu corpo. Quer ver?

Crianças jogam bola na praia do rio Tapajós em comunidade ribeirinha de São Domingos, em Belterra, Pará, 2017.

Garoto empinando pipa em parque público de Alcântara, Maranhão, 2012.

Crianças jogando cabo de guerra em rua da cidade de São Paulo, 2013.

Crianças indígenas kalapalo brincando em lagoa da Aldeia Aiha, em Querência, Mato Grosso, 2009.

O que mais chamou sua atenção nessas imagens?

Nesta unidade, você vai descobrir como os artistas usam movimentos e objetos do nosso dia a dia e até mesmo bonecos para se expressar e representar histórias. Vamos lá?

Se você dança, todos dançam

Você já assistiu a um espetáculo de dança?

Para encenar qualquer espetáculo, os artistas colocam o próprio corpo em movimento. É assim que eles dão vida a personagens e expressam sentimentos e ideias.

Alguns dançarinos se inspiram nos movimentos do dia a dia e os transformam em danças.

Observe esta imagem e preste atenção nos detalhes.

Renato Mangolin/Acervo do fotógrafo

Levantar, arrumar o quarto, tomar café da manhã, ir à escola, estudar, assistir à TV, brincar... Em nosso dia a dia, realizamos muitas tarefas.

Estamos sempre em movimento. Nem mesmo quando estamos parados nosso corpo fica apenas em uma posição. Já pensou nisso?

Você acredita que existe uma companhia de teatro e dança que usa objetos e movimentos comuns de nosso dia a dia para fazer arte? É sério!

Observe novamente a imagem de um dos espetáculos dessa companhia e imagine: Que história será que os dançarinos estão contando?

Observe novamente a imagem e converse com o professor e os colegas:

1. O que você vê na imagem?

2. Que objetos do cotidiano você reconhece?

3. Onde você acha que essas pessoas estão? O que elas estão fazendo?

4. Em que posição elas estão?

5. Sobre o que seria esse espetáculo?

Cena do espetáculo *Pequena coleção de todas as coisas*, da Cia. Dani Lima, 2013.

Sabe por que a companhia que apresentou esse espetáculo se chama Dani Lima?

Porque esse é o nome da bailarina e coreógrafa que formou o grupo em 1997. Vamos conhecê-la? Veja a imagem a seguir.

Dani Lima participando do espetáculo *Pequeno inventário de lugares-comuns*, encenado por sua companhia em 2009.

Dani Lima criou essa companhia para estudar as formas de expressão do corpo em nosso dia a dia. Ela também queria mexer com a memória e a maneira como as pessoas percebem os movimentos que realizam.

Na imagem acima, você vê a própria Dani Lima atuando em um espetáculo que ela criou em 2009. Para esse trabalho, a artista encheu o palco com objetos comuns, daqueles que todo mundo tem em casa, e criou uma coreografia em que os dançarinos utilizam esses objetos para compor diferentes movimentos e cenas. Confira ao lado alguns deles, usados no espetáculo.

Objetos usados pela Cia. Dani Lima no espetáculo *Pequeno inventário de lugares-comuns*, 2009.

Em 2013, Dani Lima criou uma **adaptação** do espetáculo *Pequeno inventário de lugares-comuns* para o público infantil. A imagem que você viu na abertura do capítulo é dessa adaptação.

Observe a imagem mais uma vez e repare nos objetos utilizados. Será que eles são diferentes dos que você viu na página anterior? Por quê?

Fotografias: Renato Mangolin/Acervo do fotógrafo

Pequena coleção de todas as coisas, da Cia. Dani Lima, em 2013.

Agora veja outra cena do espetáculo de 2013.

Bailarinos encenam o espetáculo *Pequena coleção de todas as coisas*, em 2013.

Que movimentos os bailarinos estão fazendo? Que sentimento você acha que eles estão transmitindo por meio desses movimentos?

Ateliê

- Que tal agora você e um de seus colegas se reunirem para fazer diferentes movimentos do dia a dia?

O professor vai organizar a turma em duplas para vocês realizarem, observarem e desenharem diferentes movimentos uns dos outros. Atenção: pense nos movimentos que você faz todos os dias, naqueles que faz quase sem perceber.

1. As duplas devem decidir quem vai realizar o movimento e quem vai ficar observando. Não se preocupe, depois vocês vão trocar de papel.

Lista de material
- lápis preto
- borracha
- lápis de cor

2. Após decidirem isso, um de vocês deve realizar o movimento escolhido. Concentre-se!

3. Quem ficar de observador deve prestar bastante atenção nas mudanças de posição do corpo do colega ao longo de todo o movimento. Observe, por exemplo, a posição inicial, a intermediária e a final.

4. Agora é a vez de quem ficou observando realizar um movimento e de quem fez o movimento primeiro observar o colega. Novamente, preste muita atenção no movimento que seu colega vai fazer.

Clara Gavilan/ID/BR

5. Agora que você e seu colega fizeram os movimentos e observaram um ao outro, chegou a hora de desenhar. Fique à vontade, usando pontos e linhas, riscos e rabiscos, cores e formas para desenhar os movimentos. Vamos lá?

Clara Gavilan/ID/BR

Posição inicial	Posição intermediária	Posição final

6. Escreva abaixo qual foi o movimento desenhado da rotina de cada um de vocês:

_____

🗨️ Roda de conversa

Com a turma toda reunida, observe os desenhos dos colegas e converse sobre as seguintes questões:

1. Seu corpo sempre fica na mesma posição?

2. Que ação do dia a dia você representou por meio do movimento que desenhou?

3. Quantas etapas tem esse movimento?

4. O movimento que você desenhou começou numa posição baixa, média ou alta?

5. E como ele terminou?

Veja que interessante

Vamos conhecer outra companhia de dança que usa objetos do cotidiano em suas apresentações? É a Aracaladanza!

Observe as imagens a seguir.

Bailarinos da companhia espanhola Aracaladanza encenam o espetáculo *Voos* (*Vuelos*) em Madri, Espanha, 2015.

Outro momento do espetáculo *Voos* (*Vuelos*), da companhia Aracaladanza, em que é possível ver os artistas utilizando objetos do cotidiano para compor a cena.

O que você acha que os dançarinos estão fazendo?

Que objetos do cotidiano você reconhece nessas imagens?

Você sabia que não é só na dança que os artistas utilizam objetos do dia a dia para fazer arte?

O músico retratado nas imagens abaixo se chama Hermeto Pascoal, mas ele também é bastante conhecido como "O mago" ou "O bruxo".

Isso porque ele consegue fazer música com qualquer objeto. Qualquer mesmo! Quer ver?

Observe, nestas imagens, os instrumentos diferentes que ele está tocando.

Hermeto Pascoal usa até o som de brinquedos em seus *shows*. Londres, Inglaterra, 2016.

O multi-instrumentista toca uma chaleira em *show* na cidade de Nova York, Estados Unidos, 2010.

Hermeto Pascoal nasceu em Pernambuco, em 1936. Ele é um multi-instrumentista. Isso quer dizer que ele toca muitos e variados instrumentos musicais. Ele começou a tocar ainda menino, com os irmãos. E pelo visto nunca mais parou!

Em cena

- Agora que você já conheceu o trabalho de duas companhias de dança e de um multi-instrumentista que utilizam elementos do dia a dia para se expressar, que tal fazer com sua turma uma pequena coreografia com acompanhamento musical?

1. Reúna-se com seus colegas em grupos de seis alunos.

2. Três de vocês vão dançar e outros três vão fazer o acompanhamento musical. Depois, vocês vão trocar de papel, para que todos possam fazer as experimentações.

3. Quem for dançar deve pensar em três ações com o corpo, que podem ser lavar o cabelo, almoçar, digitar no computador, pegar uma bexiga no teto, entre outras.

4. Quem fizer o acompanhamento musical deve escolher objetos do cotidiano para emitir diferentes sons.

5. Juntos, pensem em uma maneira de integrar os movimentos aos sons.

6. Façam alguns exercícios de experimentação para ver como ficou a coreografia. Boa apresentação!

Bruno Nunes/I

Roda de conversa

Depois de fazer as apresentações com os colegas, forme com eles uma grande roda e conversem sobre as seguintes questões:

1. Quais movimentos do cotidiano foram mais repetidos pelos grupos?

2. Qual foi o movimento mais diferente?

3. Os grupos conseguiram fazer o acompanhamento musical para os movimentos apresentados?

4. Que objeto você mais gostou de tocar?

Vamos compartilhar

Neste capítulo, você e os colegas viram com outros olhos os objetos e os movimentos do cotidiano. Viram como eles são úteis não só para realizar as tarefas diárias, mas também para criar nada mais nada menos do que arte. Agora, vamos conversar sobre o que vocês fizeram até aqui.

1. Vocês conheceram um pouco do trabalho de duas companhias de dança. Quais foram elas?

2. Além disso, puderam conhecer um importante músico brasileiro. Quem é ele?

3. O que os trabalhos que vocês viram neste capítulo têm em comum?

4. O que vocês fizeram na seção *Ateliê*?

5. E na seção *Em cena*?

Para finalizar o estudo do capítulo, vamos retomar os movimentos que você e seus colegas fizeram na seção *Em cena*. Se quiser, você também pode criar novos movimentos. Vale fazer movimentos deitados, sentados, em pé, curtos, amplos, agitados, devagar. Ah, e também vale utilizar algum objeto que você tenha à mão para compor o movimento.

Agora é com você!

Bruno Nunes/ID/BR

Bonecos em movimento

No capítulo anterior, você viu que mesmo os movimentos mais comuns do nosso dia a dia podem virar dança. Agora, vamos ver como os artistas dão vida e movimento a objetos bastante curiosos: os bonecos.

É isso mesmo! O teatro que vocês vão conhecer neste capítulo tem uma característica muito interessante. Nele, os bonecos é que são as estrelas do espetáculo.

Veja que imagem mais divertida!

Pedro Motta/Acervo do fotógrafo

Você sabia que esse tipo de teatro é muito antigo? Pois é, o teatro de bonecos é tão antigo que não se sabe ao certo quando ele surgiu. Além disso, esse teatro tem muitas variações e pode ser encontrado em quase todo o mundo.

Aqui, em nosso país, o teatro de bonecos possui uma forte tradição. Os artistas que produzem os bonecos e se apresentam com eles são responsáveis por transmitir histórias e representar personagens de nossa cultura.

Mas o teatro de bonecos também é cheio de novidades. Além de criar os bonecos, os artistas que se dedicam a esse tipo de teatro inventam mil e uma narrativas e muitas formas de contar uma história.

Agora, converse com o professor e os colegas:

1. O que você vê nessa imagem?

2. Que objetos você identifica nela?

3. Quem são as personagens? O que elas parecem estar fazendo?

4. Em que lugar você acha que as personagens estão?

5. Como você acha que elas ganham vida?

Cena do espetáculo *Miniteatro ecológico: caatinga*, de 2006.

A imagem que você viu na página anterior é de um espetáculo criado por um importante grupo de teatro de bonecos brasileiro. Quer saber o nome desse grupo?

É Giramundo!

O Grupo Giramundo foi criado em 1970, na cidade mineira de Lagoa Santa. Começou pequeno, com apenas três artistas: Álvaro Apocalypse, Terezinha Veloso e Maria do Carmo Martins.

Na época, eles faziam os bonecos em casa, acredita?

Exposição de bonecos do Grupo Giramundo, 2011.

Hoje, os bonecos do grupo Giramundo são tão conhecidos que existe até um museu deles em Minas Gerais. Veja só!

Para os bonecos ganharem vida, eles precisam se mexer. Sabe como isso é possível?

Os atores ou manipuladores movimentam os bonecos por meio de cordas. Observe ao lado como os bonecos da imagem que você viu na página anterior ganharam vida.

Ator manipulando os bonecos em cena do espetáculo *Miniteatro ecológico: caatinga*, de 2006.

Veja que interessante

Fantoche, títere, marionete... Você sabia que todos esses nomes são usados para boneco? É sim!

Os bonecos podem ser de muitos tipos. Para criar um boneco, os artistas precisam levar muita coisa em conta. Afinal, nesse tipo de teatro, os bonecos são o centro das atenções.

Para contar uma história, os bonecos podem ser feitos de madeira, papel, sucata ou outros materiais. Eles podem ser coloridos ou não, manipulados de muitos jeitos, por varetas ou fios, ou podem ser vestidos em uma mão, como uma luva.

Não existem limites para a imaginação! Veja só alguns exemplos desses bonecos.

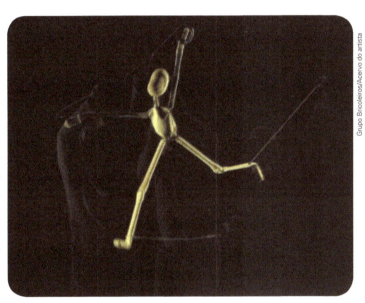

O boneco criado para o espetáculo *Criaturas de papel*, do Grupo Bricoleiros, de Fortaleza, no Ceará, foi desenvolvido com base em pesquisa e experimentos com dobradura em papel.

Grupo Bricoleiros/Acervo do artista

Fernando Teles/Acervo do fotógrafo

O brincante Chico Simões interpreta o palhaço Mateus da Lelé Bicuda e seus mamulengos no espetáculo *Mateus da Lelé Bicuda,* 2008. Mamulengo é o nome dado ao teatro de fantoches típico de Pernambuco.

Ateliê

- Agora que você conheceu alguns tipos de bonecos, que tal criar um com os colegas?

  O boneco que você vai criar é um fantoche de meia, ou seja, um meioche!

  Com a ajuda do professor, siga as instruções abaixo para fazer seu boneco.

1. Faça um molde no papelão em formato ovalado, utilizando sua mão como medida.

2. Depois, recorte o molde em formato ovalado.

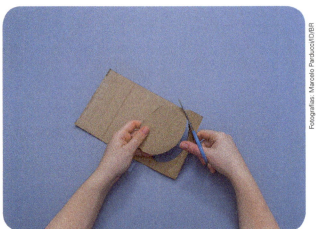

Fotografias: Marcelo Parducci/ID/BR

3. Dobre o molde ao meio para formar uma boca.

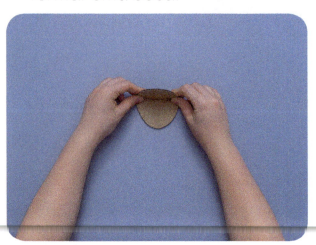

4. Cole um pedaço de feltro sobre o molde e recorte o excesso.

5. Dobre a ponta da meia para dentro.

6. Encaixe e cole a boca que você fez na cavidade da meia.

Fotografias: Marcelo Parducci/ID/BR

7. Depois de secar, desenhe os olhos de seu fantoche com caneta hidrocor.

8. Para fazer o cabelo, junte e recorte vários fios de lã do mesmo tamanho.

9. Cole o cabelo de seu boneco.

10. Pronto! Agora é só se divertir.

💬 Roda de conversa

Depois de fazer seu boneco e de brincar com ele, que tal conversar sobre essa atividade?

1. O que você achou de criar um fantoche de meia?

2. Você conseguiu fazer o boneco do jeito que você queria?

3. Para você, que parte do boneco foi a mais difícil de fazer?

4. Do que você mais gostou nessa atividade?

 **Em cena**

● Agora que vocês já fizeram seus fantoches, é hora de criar e apresentar uma história!

1. Forme um grupo com mais três colegas.

2. Cada grupo vai criar uma pequena história que se passa durante uma refeição em família. Lembre-se de criar uma sequência de ações e falas das personagens.

3. Você e seu grupo devem conversar com o professor sobre a história que vocês criaram.

4. Monte com a turma um palco enfileirando algumas carteiras.

5. Coloque sobre elas pratos, copos e outros objetos que você e os colegas conseguirem reunir para criar uma cena de refeição.

6. Atenção: os bonecos devem seguir as características das personagens que vocês criaram para seus fantoches. Então, capriche nos movimentos e no tom de voz para expressar o comportamento de sua personagem à mesa.

7. Ensaie algumas vezes e vamos lá!

Nglo Caroselli/ABP

💬 Roda de conversa

Depois de todos os grupos se apresentarem, vamos conversar sobre a atividade.

1. Como foi a experiência de encenar uma pequena história com seu fantoche?

2. Você e os colegas conseguiram reproduzir a encenação do jeito que combinaram?

3. De que você mais gostou nessa atividade?

Vamos compartilhar

Agora, vamos recordar o que você viu neste capítulo. Converse sobre as perguntas a seguir com os colegas e o professor.

1. Que grupo de teatro você conheceu no início deste capítulo?

2. O que esse grupo faz?

3. O que você viu na seção *Veja que interessante*?

4. Na seção *Ateliê*, que desafios você enfrentou para confeccionar seu próprio boneco?

5. O que você e os colegas fizeram na seção *Em cena*?

6. Do que você mais gostou neste capítulo?

7. Você sentiu dificuldade em alguma atividade? Se sim, qual?

Para finalizar o trabalho deste capítulo, que tal fazer uma apresentação especial?

Leve seu fantoche para casa e, com a ajuda dos adultos com quem você mora, prepare o cenário com pratos e copos como fez na escola, porém usando o que tiver em casa. Depois, faça uma apresentação para eles, mostrando os movimentos que fazemos quando comemos.

Registre por escrito como foi essa experiência, desde a montagem do cenário até a reação das pessoas da sua casa.

_____

_____

_____

_____

_____

Nesta unidade, você conheceu artistas que se expressam por meio de danças e encenações, utilizando objetos e bonecos para compor suas apresentações. Mas você já reparou que não é só no teatro que as pessoas usam objetos e o próprio corpo para se expressar? Os povos indígenas do Brasil, por exemplo, dançam em muitas cerimônias e festejos.

Para os povos indígenas, o ato de dançar tem diferentes significados e faz parte de vários rituais que acontecem ao longo da vida deles.

Observe esta imagem. Ela mostra o Kuarup, um dos rituais indígenas mais conhecidos no Brasil.

Ricardo Stuckert/Acervo do fotógrafo

A dança faz parte do ritual Kuarup, realizado todos os anos por muitos grupos indígenas. Na foto, indígenas Kalapalo durante Kuarup, no Parque indígena do Xingu, 2016.

Durante o Kuarup, representado na imagem acima, os indígenas da região do Alto Xingu fazem uma **homenagem** aos mortos. Mas o ritual não tem nada de triste, não. Ele é muito alegre! As pessoas se enfeitam e se vestem da melhor maneira para participar da celebração.

> **Homenagem:** demonstração de respeito e consideração.

Kuarup também é a palavra usada para dar nome a um tipo de madeira. Não é à toa que o tronco dessa madeira faz parte do ritual. A preparação do tronco é um momento muito importante do Kuarup, pois esses troncos representam os mortos homenageados. Por isso, eles são cuidadosamente pintados e enfeitados com colares e cocares.

Tronco de kuarup pintado e enfeitado para o ritual na aldeia Waurá, 2016.

Os povos indígenas do Brasil têm culturas muito diversas. Os Pankararu, que vivem em uma área no município de Tacaratu, em Pernambuco, por exemplo, praticam uma dança inspirada nos movimentos dos animais. O objetivo é ver quem faz a melhor representação de animais como o porco, o cachorro, a formiga e o sapo.

Indígenas do povo Pankararu com roupas feitas de palha e usadas em ritual tradicional que inclui dança e música, em Tacaratu, Pernambuco, 2014.

Será que você e seus colegas encaram um desafio parecido com o dos Pankararu: dançar imitando os animais?

Agora é a vez de vocês. A turma será organizada em dois grupos. Sigam as orientações.

1. Um integrante de cada grupo deverá representar um animal indicado pelo outro grupo.

2. O desafio é adivinhar o animal que o colega do grupo vai representar.

3. Um aluno de cada vez deve representar um animal até que todos participem da brincadeira.

4. O grupo que acertar qual animal está sendo representado ganha um ponto.

Qual grupo será que vai conseguir somar mais pontos?

AidaCass/ID/BR

Extra, extra!

Sites

Conheça mais o teatro popular de bonecos no portal do grupo Mamulengo Presepada, criado em Pernambuco e que hoje tem sede em Brasília. Disponível em: <http://www.mamulengopresepada.com.br>. Acesso em: 6 dez. 2017.

Para conhecer mais as danças e outros aspectos das culturas indígenas, vale a pena acessar a página Mirim Povos Indígenas no Brasil. Disponível em: <https://mirim.org/>. Acesso em: 6 dez. 2017.

Livros

O livro das danças da Lola, de Lauren Child. Editora Ática.

Aprenda mais movimentos do corpo e da dança com esse livro. Nele, a personagem experimenta vários tipos de dança na busca de encontrar seu estilo preferido.

Aldeias, palavras e mundos indígenas, de Valéria Macedo e Mariana Massarani. Companhia das Letrinhas.

Esse livro apresenta um pouco da vida e dos costumes de quatro povos indígenas: os Yanomami, os Krahô, os Kuikuro e os Guarani Mbya.

Visitação: Museu Giramundo

Conforme vocês viram no capítulo 6, em Belo Horizonte, Minas Gerais, existe um museu que abriga todos os bonecos produzidos pelo Grupo Giramundo. O Museu Giramundo recebe visitações para conhecer seu rico acervo. Se em sua cidade tiver um espaço dedicado ao teatro de bonecos, combine com o professor e os colegas para visitá-lo e assistir a um espetáculo.

Arte que transforma a realidade

Você já viu que para fazer arte é preciso muita criatividade. Pode-se criar um mundo ideal, seres imaginários...

Mas de que a arte é feita? Você sabe como os artistas transformam os mais variados materiais em produções artísticas surpreendentes? Pense nos objetos de arte que você observou ao longo do ano e converse com os colegas sobre que materiais os artistas utilizaram em alguns desses trabalhos.

Agora, observe as imagens a seguir.

Malysh A/Shutterstock.com/ID/BR

Alguns objetos de arte são produzidos com tintas de muitas cores.

Robert Przybysz/Alamy/Fotoarena

RTimages/Alamy/Fotoarena

Materiais recicláveis também podem se transformar em arte.

É possível criar muitos objetos de arte com barro ou argila.

A madeira é um material muito utilizado por alguns artistas.

Galhos, folhas e pedras podem se transformar em materiais artísticos.

O metal também pode ser usado em arte.

Você já viu objetos de arte feitos com esses materiais?

Nesta unidade, você vai conhecer artistas que fazem arte com muita criatividade usando os mais diversos materiais e técnicas! Vamos lá?

Você já viu que os artistas usam os mais diferentes materiais para produzir arte.

Eles produzem desenhos, pinturas, esculturas, fotografias, vídeos, ilustrações, desenhos animados, enfim, objetos de arte que podem nos surpreender!

Mas será que há limites para a escolha desses materiais? Para quem tem muita imaginação, parece que não!

Observe esta imagem.

Coleção particular. Arquivo: ID/BR

Onça-pintada, sem data, de Getúlio Damado. Diversos materiais. Dimensões não disponíveis.

Como você viu, ao construir um objeto de arte os artistas são livres para usar materiais que outras pessoas nunca imaginariam utilizar com a mesma finalidade!

Se você fosse criar uma onça-pintada, como o artista Getúlio Damado (1955-) fez, que materiais você utilizaria?

Observe de novo a imagem.

Não é mesmo muito interessante pensar nas diversas possibilidades que existem para produzir um objeto artístico?

Agora, converse com os colegas sobre estas questões:

1. Você reconhece os materiais que o artista usou para produzir esse objeto de arte?

2. Onde será que ele encontrou esses materiais?

3. Por que você acha que o autor fez uma onça-pintada?

4. Você se surpreendeu com esse objeto de arte? Por quê?

Na página anterior, você conheceu um trabalho de Getúlio Damado, um artista muito criativo que aproveita todo tipo de material para fazer sua arte.

Nascido na cidade de Espera Feliz, em Minas Gerais, Getúlio Damado tinha 15 anos quando se mudou para a cidade do Rio de Janeiro. Ele construiu um espaço para produzir seus trabalhos de arte, ou seja, seu ateliê, o Chamego Bonzolândia, em uma rua do bairro de Santa Teresa. Nesse espaço, que mais parece um bonde amarelo, Getúlio transforma materiais recicláveis em arte. O local está aberto à visitação.

Ateliê-bonde de Getúlio Damado no bairro de Santa Teresa, no Rio de Janeiro, 2010.

Observe mais uma vez o objeto *Onça-pintada*, de Getúlio Damado. Você consegue imaginar o artista produzindo esse objeto no ateliê-bonde dele?

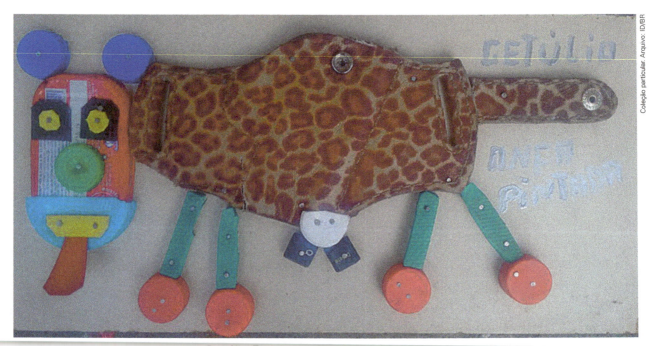

Onça-pintada, sem data, de Getúlio Damado. Diversos materiais. Dimensões não disponíveis.

Sabe por que Getúlio fez o ateliê dele parecido com um bonde? Porque, ao chegar ao Rio de Janeiro, ele achou o bondinho tão lindo que resolveu fazer miniaturas dele. Depois, ele teve a ideia de construir um ateliê-bonde.

O bondinho amarelo liga o centro da cidade ao bairro de Santa Teresa e é uma atração muito procurada pelos turistas. Compare uma miniatura do bondinho feita por Getúlio com a fotografia do bondinho de Santa Teresa. Esses bondinhos realmente se parecem? E o ateliê, é parecido com o bonde?

Bonde de Santa Teresa, sem data, de Getúlio Damado. Madeira policromada, 20 cm.

Bondinho de Santa Teresa, cidade do Rio de Janeiro, 2016.

Além de fazer miniaturas do bondinho amarelo, Getúlio reaproveita pedaços de madeira, tampinhas, embalagens e todo tipo de material reciclável para criar bonecos, animais, brinquedos e personagens que ele expõe e vende em seu ateliê.

Observe os bonecos ao lado. Que materiais você consegue identificar neles? Há algum material que também foi utilizado no objeto de arte *Onça-pintada*?

Margarety e *Gonzaflanio*, sem data, de Getúlio Damado. Diversos materiais, 40 cm e 50 cm de altura, respectivamente.

Ateliê

- Que tal produzir um boneco usando materiais recicláveis e descartados, como faz o artista Getúlio Damado?

Com a ajuda de familiares, vizinhos e amigos, junte bastante material: caixas vazias, potinhos de plástico, embalagens, revistas, tampinhas, retalhos de pano, etc. No dia marcado pelo professor, leve tudo para a sala de aula.

1. Imagine como será seu boneco, reflita sobre que materiais você vai utilizar para produzi-lo e separe-os.

2. Forme dupla com um colega. Cada um vai construir um boneco, mas vocês podem se ajudar durante o trabalho de montagem.

3. Monte seu boneco, usando as peças que você separou. Defina o que você vai usar para fazer a cabeça, o tronco, as pernas, os braços, os pés e as mãos dele. Junte as peças usando barbante, cola e fita adesiva.

4. Quando seu boneco ficar pronto, dê um nome a ele.

5. Agora, ajude o professor a montar uma exposição. Com os colegas, exponha os bonecos na sala de aula ou em outro lugar que possa ser visitado por outras pessoas.

Lista de material

- material reciclado e objetos descartados
- cola
- fita adesiva
- barbante
- tesoura com pontas arredondadas

Roda de conversa

Agora, troque ideias sobre a atividade com os colegas e o professor.

1. Que bonecos mais chamam atenção? Por quê?
2. Quais bonecos ficaram mais engraçados? Por quê?
3. Quem aproveitou os materiais do jeito mais criativo? Por quê?
4. Você ficou satisfeito com o boneco que construiu? Gostaria de mudar algo em seu trabalho de arte?

Veja que interessante

Muitos artistas criam objetos de arte usando materiais naturais que eles encontram no lugar onde vivem. Um deles é o artista alagoano Aberaldo Sandes.

Nascido em 1960 no município de Pão de Açúcar, no interior do estado de Alagoas, Aberaldo Sandes trabalha no fundo da própria casa, onde junta galhos, raízes, folhas, casulos e outros materiais que encontra na natureza, próximo ao lugar onde mora.

O artista Aberaldo Sandes em 2017.

Observe alguns trabalhos desse artista nas imagens a seguir.

Sem título, sem data, de Aberaldo Sandes. Escultura em madeira, 137 cm × 85 cm.

Sem título, sem data, de Aberaldo Sandes. Esculturas em madeira, 116 cm × 21 cm × 26 cm; 119 cm × 20 cm × 24 cm; 110 cm × 20 cm × 29 cm.

Que materiais será que foram usados nesses objetos?

Você acha que essas esculturas representam pessoas ou são seres imaginários?

Se você fosse criar um trabalho de arte usando apenas materiais naturais, como folhas, galhos, pedras, entre outros, como você faria?

 **Em cena**

● Na seção *Ateliê*, você e os colegas montaram bonecos feitos de diferentes materiais e deram nome a eles. Agora, é hora de criar diálogos entre eles.

1. Pense nas características do boneco que você criou: ele será adulto, jovem ou criança? Como será a voz dele, fina ou grossa? Como vai ser a risada dele? Do que ele gosta de fazer? Essas perguntas vão ajudar você a criar o diálogo!

2. Com um colega, invente uma conversa utilizando as características dos bonecos que vocês criaram.

3. Fique atento na hora de criar o diálogo, pois você e seu colega vão apresentá-lo à turma. Anotem o diálogo no caderno para memorizá-lo.

4. Antes da apresentação, treine bastante o diálogo com seu colega.

5. Com o professor, arrume a sala, formando uma passarela entre as mesas.

6. Cada aluno vai ficar em uma extremidade da passarela, com seu boneco. Depois, vai se encontrar no centro da passarela e encenar o diálogo criado, enquanto os outros colegas prestam atenção.

Clara Gavilan/ID/BR

 Roda de conversa

Após a apresentação de todas as duplas, converse com os colegas e o professor sobre a atividade. Se quiser, faça anotações.

1. Qual das duplas inventou o diálogo mais divertido? Por quê?

2. Qual boneco mais chamou sua atenção? Por quê?

3. Você gostou das características do seu boneco?

4. Você gostou do diálogo que criou com seu colega de dupla?

5. A conversa inventada combina com os bonecos? Por quê?

Chegou o momento de conversar sobre tudo o que fizemos até agora.

1. Que materiais podem ser usados na arte?

2. Qual é o título do objeto de arte que você viu na abertura deste capítulo? Que materiais o artista utilizou nesse objeto?

3. Que artistas você conheceu neste capítulo?

4. Que material o primeiro artista utiliza nas produções dele? E o segundo artista?

5. Você e os colegas fizeram que tipo de trabalho na seção *Ateliê*?

6. E o que vocês desenvolveram na seção *Em cena*?

7. Você teve dificuldade nas atividades deste capítulo? Explique.

No espaço abaixo, faça uma colagem usando diferentes materiais, como papéis, folhas, etc. Se quiser, pode usar também lápis de cor ou canetinhas para completar sua colagem.

A arte e os seres imaginários

Misturar realidade e fantasia é um caminho que alguns artistas experimentam para criar novos mundos e sensações. Por exemplo, alguns artistas apresentam seres que só existem na imaginação deles.

Observe esta imagem.

Coleção particular. Fotografia: Anderson Astor Schvingel

Sem título, 2011, de Walmor Corrêa. Acrílica e grafite sobre tela, 150 cm × 100 cm.

Você percebeu que o artista Walmor Corrêa inventou um ser imaginário por meio da junção de dois animais que existem na natureza? Que nome você daria a essa criatura? Compartilhe-o com os colegas.

Observe um pouco mais esse objeto de arte. Em seguida, escreva a que animal corresponde cada uma das partes indicadas. O professor pode ajudar você na identificação dos animais.

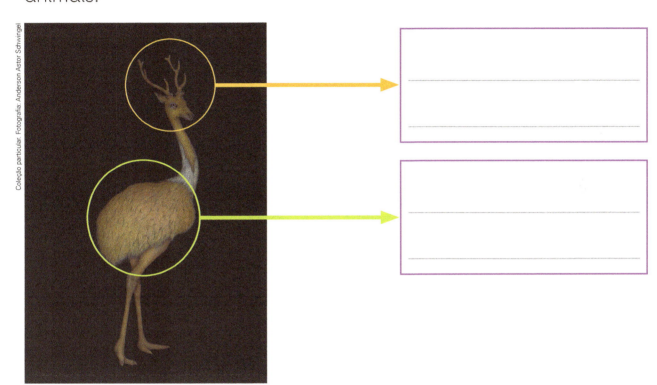

Coleção particular. Fotografia: Anderson Astor Schwingel

Agora, converse com os colegas sobre as questões a seguir:

1. Esse objeto faz parte de uma série chamada "Híbridos". Você sabe o que significa essa palavra?

2. Caso você não conheça a palavra **híbrido**, imagine o significado dela com base no objeto de arte que você observou. Depois, com a ajuda do professor, procure no dicionário o significado mais parecido com a ideia proposta no objeto de Walmor Corrêa.

3. Que título você daria a esse quadro? Por quê?

4. Você gostou desse objeto de arte? Por quê?

A maneira como Walmor Corrêa pintou o trabalho que você acabou de conhecer faz ele parecer muito realista. Podemos até pensar que a criatura pintada por esse artista existe de verdade! Agora, conheça mais um trabalho de Walmor Corrêa, também da série "Híbridos", produzida pelo artista em 2011.

Coleção particular. Fotografia: Anderson Astor Schwingel

Sem título, 2011, de Walmor Corrêa. Acrílica e grafite sobre tela, 150 cm × 100 cm.

Nesse objeto de arte, o artista também utilizou partes de dois animais para criar um ser imaginário. Você consegue identificar quais animais o artista uniu nessa pintura?

Com os colegas e o professor, pesquise os animais que compõem esse objeto. Você já conhecia os animais que o artista representou nos dois objetos de arte que você observou? Onde será que eles vivem? Você já viu algum deles no local onde mora?

Agora, imagine o lugar em que o ser imaginário dessa pintura vive. Como seria esse espaço?

Walmor Corrêa nasceu em Florianópolis, Santa Catarina, em 1960. Ele é um artista reconhecido no Brasil e em outros países. Seus trabalhos se relacionam com a arte e a ciência, pois têm como ponto central a criação de seres imaginários, juntando partes de animais e também do corpo humano.

Os seres criados por Walmor Corrêa são surpreendentes. O artista começou a ter interesse por seres imaginários quando era criança. Algumas histórias e lendas marcaram sua vida e o inspiraram a criar a série *Atlas de anatomia*. Nessa série, ele ilustrou com detalhes precisos de que modo poderia ser o organismo de seres do folclore, como a sereia *Ondina*.

Os desenhos de anatomia são muito utilizados nos livros de Ciências. Você sabe qual é o significado da palavra *anatomia*?

Agora, leia um trecho de uma entrevista de Walmor Corrêa em que ele traz questões que o inspiraram a criar *Ondina*.

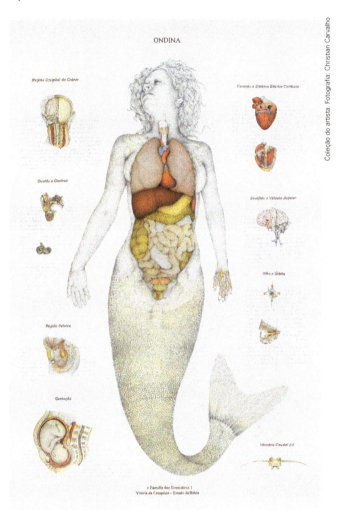

Ondina, 2007, de Walmor Corrêa. Acrílica e grafite sobre tela, 195 cm × 130 cm.

"Um índio me mostrou o local onde namorava uma sereia. Todo dia de manhã, eles namoravam enquanto ele pescava. Ao final da tarde, ela mergulhava e sumia. Como pode uma mulher peixe desaparecer dentro da água e não morrer [...]? Como a ciência explicaria?" [...]

Fábio Marques. Entranhas oníricas. *Diário do Nordeste*, Caderno 3, 17 ago. 2012. Disponível em: <http://diariodonordeste.verdesmares.com.br/cadernos/caderno-3/entranhas-oniricas-1.582899>. Acesso em: 29 dez. 2017.

O que você achou dessa história? Você já ouviu histórias parecidas com essa?

Ateliê

Você já viu um animal chamado **catóblepa**? Leia um texto sobre essa criatura e veja se consegue imaginá-la.

> O catóblepa, búfalo negro com uma cabeça de porco que cai até o chão, unida aos ombros por um pescoço fino, longo e mole como um **intestino** vazio. Está atolado no lodo, e suas patas desaparecem sob a enorme **melena** de pelos duros que lhe cobre a cara. [...]

Intestino: órgão que faz parte do processo digestório do corpo.
Melena: parte da crina que cai sobre a cabeça do cavalo.

Jorge Luis Borges. *O livro dos seres imaginários*. São Paulo: Companhia das Letras, 2007. p. 54-55.

O catóblepa é um ser lendário da mitologia africana. Você percebeu que essa criatura é uma mistura de dois animais que existem na realidade? Observe as imagens a seguir.

Búfalo.

Porco.

- Desenhe, na próxima página, com base na descrição que você leu, como você imagina o catóblepa. Siga as orientações:

  1. Leia novamente o texto sobre o catóblepa.

  2. Em uma folha à parte, desenhe as imagens que surgem na sua imaginação enquanto você relê a descrição.

  3. Depois, observe novamente as imagens do búfalo e do porco para decidir que partes de cada animal você vai utilizar no seu desenho.

  4. Faça um rascunho e, só depois, desenhe no espaço indicado na próxima página.

Lista de material
- papel sulfite ou caderno
- lápis e borracha
- lápis de cor

Roda de conversa

Quando todos os desenhos da turma ficarem prontos, é hora de formar uma roda de conversa para falar sobre os trabalhos. Mostre seu desenho e conte como você interpretou a descrição desse ser imaginário. Ouça seus colegas e observe com atenção os desenhos deles. Em seguida, responda às questões.

1. Os desenhos do catóblepa feitos pela turma ficaram parecidos ou diferentes?

2. Por que você acha que isso aconteceu?

3. Você gostou do seu desenho? Gostaria de mudar alguma coisa?

Veja que interessante

Neste capítulo, você conheceu seres imaginários criados pelo artista Walmor Corrêa e também teve a oportunidade de desenhar um ser imaginário com base em uma descrição de um livro de Jorge Luis Borges (1899-1986).

Agora, conheça as esculturas de uma artista que utiliza formas humanas e de animais, plantas, etc. para criar objetos de arte surpreendentes.

Será que você consegue descobrir o que este objeto de arte representa?

Coleção particular. Fotografia: Romulo Fialdini/Tempo Composto

O impossível, 1940, de Maria Martins.
Escultura em bronze. Dimensões não disponíveis.

Que formas você identifica ao observar a imagem da escultura *O impossível*?

Como são as figuras que compõem essa escultura? O que elas estão fazendo? Você já viu algo parecido?

A artista Maria Martins (1894-1973) nasceu na cidade de Campanha, Minas Gerais. Ela também foi pintora, escritora e musicista e criou seres imaginários em suas produções. Vamos conhecer mais uma escultura dela?

Observe a imagem abaixo. Você identifica alguma forma conhecida nesta escultura?

Leia na legenda o título da escultura. Você sabe o que significa **implacável**?

Converse com os colegas e o professor para descobrir o significado dela. Depois, tente encontrar relações entre a escultura e o título.

Maria Martins viveu muitos anos fora do Brasil e obteve muito sucesso em outros países. Fez esculturas de materiais diferentes, como madeira, terracota, mármore e bronze.

O implacável, 1947, de Maria Martins. Escultura em bronze, 74 cm × 118 cm × 19 cm.

Terracota: argila cozida no forno.

Alguns trabalhos da artista têm como tema lendas da Amazônia. As personagens Boto e Iara foram representadas em esculturas que lembram elementos da natureza e do ser humano.

Depois de conhecer um pouco a artista Maria Martins, como você interpreta os títulos que ela deu às esculturas apresentadas nesta seção? Se você fosse a artista, quais títulos daria a essas esculturas?

Maria Martins em seu ateliê na cidade de Paris, França, 1951.

 **Em cena**

- Como seria enfrentar seres como os das esculturas *O impossível* e *O implacável*? Talvez a única forma de sobrevivermos será chamando o catóblepa para nos defender! Vamos brincar com essas personagens inventadas?

1. Espalhem-se pela sala de aula, ocupando todo o espaço.

2. Quando o professor bater **uma** palma, todos devem formar duplas e assumir uma posição que representa a escultura *O impossível*, apresentada na seção anterior.

3. A dupla deve permanecer imóvel na posição até que o professor bata novamente **uma** palma.

4. Quando o professor bater **duas** palmas, cada aluno vai representar a forma da escultura *O implacável*, ficando nessa posição até que o professor bata de novo **duas** palmas.

Clara Gavilan/ID/BR

5. Quando o professor bater **três** palmas, todos vão imitar o catóblepa, caminhando pela sala em quatro apoios e com a cabeça baixa, mas olhando para frente. Vocês vão voltar à posição inicial quando o professor bater **três** palmas mais uma vez.

💬 **Roda de conversa**

Depois de brincar bastante, formem uma grande roda para conversar.

1. Como foi imitar esculturas e movimentar-se pela sala como um ser imaginário?

2. Qual foi a sensação de assumir essas posições e fazer esses movimentos?

3. Você ficou satisfeito com a sua participação na atividade? Por quê?

Vamos compartilhar

Neste capítulo, você e os colegas conheceram artistas visuais que misturam realidade e fantasia para criar seres imaginários. Agora, pense em tudo o que você viu e observe novamente as imagens antes de responder às perguntas.

1. O que você achou mais curioso no trabalho de Walmor Corrêa?

2. De onde vieram as ideias desse artista para produzir os trabalhos apresentados neste capítulo?

3. A atividade que você fez na seção *Ateliê* foi inspirada em um texto. O que esse texto descrevia?

4. Na seção *Veja que interessante*, você e os colegas conheceram um tipo de objeto de arte. Que tipo de objeto é esse?

5. Que atividade vocês fizeram na seção *Em cena*?

6. Essa atividade relaciona-se a objetos de arte produzidos por qual artista?

7. De que você gostou mais neste capítulo?

8. E o que você achou mais difícil?
Agora, com a ajuda de um adulto responsável, que tal fazer uma pesquisa para descobrir mais sobre a escultura, expressão artística que você conheceu neste capítulo? Busque informações em livros ou na internet. Depois, organize o que você descobriu em um pequeno texto no espaço abaixo e compartilhe-o com os colegas.

_____

_____

_____

_____

Viagem pelo Brasil

Nesta unidade, você aprendeu que alguns artistas utilizam materiais recicláveis, reutilizáveis e naturais para criar objetos de arte. Além disso, conheceu seres imaginários por meio de pintura, desenho e escultura.

Mas você já viu desenhos de personagens ou outros elementos em muros, prédios ou ruas da cidade? Esse tipo de arte de rua é chamado **grafite**.

O grafite brasileiro é considerado um dos melhores do mundo. Por muito tempo, os grafiteiros, como são chamadas as pessoas que fazem grafite, não eram reconhecidos como artistas. Hoje, eles são convidados para fazer trabalhos nas ruas de cidades do mundo todo! Observe a imagem.

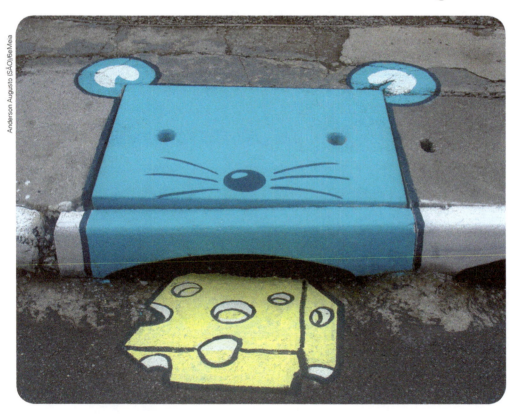

Grafite produzido pela dupla 6emeia na cidade de São Paulo, 2014.

O que você achou desse grafite? Os artistas criaram seres imaginários ou representaram seres reais?

Os grafiteiros Leonardo Delafuente (1982-) e Anderson Augusto (1983-) são conhecidos pelo nome 6emeia e adoram transformar bueiros em seres diversos. Mas você imagina que tipo de material eles usam?

Para os grafiteiros, o muro é uma tela na qual podem utilizar diferentes materiais. No entanto, alguns materiais são mais comuns, como a tinta *spray*.

Latas de *spray*, material muito utilizado em grafites.

Agora, chegou a sua vez de criar uma intervenção urbana com seres imaginários! Transforme os elementos da foto abaixo em arte, pintando com lápis de cor ou outros materiais que quiser. Você pode seguir os passos da dupla 6emeia ou fazer algo totalmente diferente!

Site

Para conhecer mais objetos de arte feitos de materiais como troncos de madeira e material reciclável, vale a pena visitar o portal da Galeria Estação. Disponível em: <http://www.galeriaestacao.com.br>. Acesso em: 8 dez. 2017.

Livros

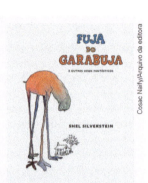

Fuja do Garabuja e outros seres fantásticos, de Shel Silverstein. Editora Cosac Naify.

Nesse livro, o poeta convida o leitor a conhecer monstros e criaturas imaginárias, como o Gruto, uma criatura que sabe se disfarçar, e o Gradiardo, que possui dentes em fila dupla e garras afiadas.

Já era, jacaré!, de Renata Sant'Anna. Editora Olhares (Coleção Rolê pelo Graffiti).

A autora oferece aos leitores um passeio pelas produções de Alex Vallauri, pioneiro da arte de rua no Brasil. São imagens que surpreendem e encantam, embora retratem elementos simples como botas, luvas, telefones e, é claro, um jacaré.

Visitação: Ateliê-bonde Chamego Bonzolândia

O ateliê-bonde do artista Getúlio Damado fica em uma charmosa ladeira no morro de Santa Teresa, na cidade do Rio de Janeiro. Se um dia você estiver passando por lá, aproveite para conhecer de perto o artista e suas incríveis obras feitas de materiais recicláveis e reutilizáveis,

Bibliografia

Arte-educação

BARBIERI, Stela. *Interações*: onde está a arte na infância?. São Paulo: Blucher, 2012 (Coleção Interações).

FERREIRA, Paulo Nin. *O espírito das coisas*: um estudo sobre a *assemblage* infantil. 2009. 121 p. Dissertação (Mestrado em Educação) – Faculdade de Educação, Universidade de São Paulo, São Paulo.

Artes integradas

CHOAY, Françoise. *A alegoria do patrimônio*. Trad. Luciano Vieira Machado. São Paulo: Estação Liberdade/Ed. da Unesp, 2001.

KISHIMOTO, Tizuko M. (Org.). *Jogo, brinquedo, brincadeira e a educação*. 14. ed. São Paulo: Cortez, 2010.

MACHADO, Marina Marcondes. *O brinquedo--sucata e a criança*: a importância do brincar – atividades e materiais. São Paulo: Loyola, 2007.

SANTOS, Maria Walburga dos; KISHIMOTO, Tizuko M. (Org.). *Jogos e brincadeiras*: tempos, espaços e diversidade (pesquisas em educação). São Paulo: Cortez, 2016.

SANTOS, Santa Marli Pires dos. *Brinquedoteca*: sucata vira brinquedo. Porto Alegre: Artmed, 2002.

SÃO PAULO (Estado). Secretaria da Educação. *Ler e escrever*: livro de textos do aluno. São Paulo: FDE, 2008.

Artes visuais

ARNHEIM, Rudolf. Figura e fundo. In: _____. *Arte e percepção visual*: uma psicologia da visão criadora – nova versão. Trad. Ivonne Terezinha de Faria. São Paulo: Pioneira Thomson Learning, 2005. p. 217-229.

DUARTE, Paulo Sergio. *Da escultura à instalação*. São Paulo: Cosac & Naify, 2005.

KRAUSS, Rosalind. *Caminhos da escultura moderna*. Trad. Julio Fischer. 2. ed. São Paulo: Martins Fontes, 2007.

MIRANDA, Ana. *Tomie*: cerejeiras na noite. Ilustr. Maria Eugênia. São Paulo: Companhia das Letrinhas, 2006 (Coleção Memória e História).

OCVIRK, Otto G. et al. *Fundamentos de arte*: teoria e prática. 12. ed. Porto Alegre: McGraw-Hill, 2014.

RAMOS, Paula (Org.). *Walmor Corrêa*: o estranho assimilado. Porto Alegre: Dux, 2015.

READ, Herbert. *Escultura moderna*: uma história concisa. Trad. Ana Aguiar Cotrim. São Paulo: Martins Fontes, 2003.

REGO, Lígia; SANTOS, Lígia. *Tomie Ohtake*. São Paulo: Moderna, 2002 (Mestres das Artes no Brasil).

SCHAPIRO, Meyer. *Mondrian*: a dimensão humana da pintura abstrata. Trad. Betina Bischot. São Paulo: Cosac & Naify, 2001.

TASSINARI, Alberto. *O espaço moderno*. São Paulo: Cosac & Naify, 2001.

VICENS, Frances. *Arte abstrata e arte figurativa*. Rio de Janeiro: Salvat, 1979 (Biblioteca Salvat de Grandes Temas, 7).

Dança

BARRETO, Felícitas. *Danças do Brasil*. Rio de Janeiro: Gráfica Tupy, 1958.

SALLAS, Ana Luisa Fayet. Imagens etnográficas de danças indígenas no Brasil do século XIX. *Cadernos de Antropologia e Imagem*, Rio de Janeiro, v. 12, n. 1, p. 51-66, 2001.

Música

LIMA NETO, Luiz Costa. O cantor Hermeto Pascoal: os instrumentos da voz. *Per Musi*, Revista Acadêmica de Música, Belo Horizonte, n. 22, p. 44-62, 2010.

PINHEIRO, Elen Affonso et al. O nordeste brasileiro nas músicas de Luiz Gonzaga. *Caderno de Geografia*, Belo Horizonte, v. 14, n. 23, p. 103-111, 2004. Disponível em: <http://www1.pucminas.br/documentos/geografia_23_art06.pdf>. Acesso em: 22 dez. 2017.

Teatro

AMARAL, Ana Maria. *Teatro de formas animadas*: máscaras, bonecos, objetos. 3. ed. São Paulo: Edusp, 2011 (Coleção Texto e Arte, 2).

JASIELLO, Franco. *Mamulengo*: o teatro mais antigo do mundo. Natal: A.S. Editores, 2003.

LOBO, Lenora; NAVAS, Cássia. *Teatro do movimento*: um método para o intérprete criador. 2. ed. Brasília: LGE, 2007.

RIOS, Rosana. *Brincando com teatro de bonecos*. 4. ed. São Paulo: Global, 2003 (Coleção Brincando com, 11).

MARQUES, Flávia; CRUZ, Fabiana; RIBEIRO, Jaciane. *O corpo da criança pela vivência de jogos teatrais*. 2004. Monografia (Especialização) – Universidade Federal do Maranhão, São Luís.

Outras referências

Artigos/Textos

BLAUTH, Lurdi; POSSA, Andrea Christine Kauer. Arte, grafite e o espaço urbano. *Palíndromo*, Florianópolis, v. 4, n. 8, p. 146-163, ago./set. 2012. Disponível em: <http://revistas.udesc.br/index.php/palindromo/article/view/3458/2479>. Acesso em: 22 dez. 2017.

CÔRTES, Gustavo. Processos de criação em danças brasileiras: o folclore como inspiração. In: CONGRESSO DE PESQUISA E PÓS-GRADUAÇÃO EM ARTES CÊNICAS, 6., 2010. Uberlândia: Minas Gerais. *Anais eletrônicos...* Disponível em: <www.portalabrace.org/vicongresso/pesquisadanca/Gustavo%20C%F4rtes%20-%20Processos%20de%20cria%E7%E3o%20em%20Dan%E7as%20Brasileiras%20O%20folclore%20como%20inspira%E7%E3o.pdf>. Acesso em: 28 dez. 2017.

FREITAS, Joseania Miranda. O carnaval afro--brasileiro em Salvador: patrimônio da cultura brasileira. In: CONGRESSO LUSO-AFRO-BRASILEIRO DE CIÊNCIAS SOCIAIS: a questão social no novo milénio, 8., 2004. Coimbra. *Anais eletrônicos...* Coimbra: Universidade de Coimbra. Disponível em: <http://www.ces.uc.pt/lab2004/inscricao/pdfs/painel61/JoseaniaFreitas.pdf>. Acesso em: 22 dez. 2017.

GAVA, Neuza Cristina; JARDIM, Marcelo Bittencourt. Corpo e movimento: o descobrimento do corpo na educação infantil. *Educação Pública*, Rio de Janeiro, nov. 2015. Disponível em: <http://educacaopublica.cederj.edu.br/revista/artigos/corpo-e-movimento-o-descobrimento-do-corpo-na-educacao-infantil>. Acesso em: 22 dez. 2017.

KLISYS, Adriana. Construções lúdicas. *Avisa lá*, São Paulo, n. 17, jan. 2004. Disponível em: <http://avisala.org.br/index.php/assunto/tempo-didadico/construcoes-ludicas>. Acesso em: 22 dez. 2017.

MELO, Maria de Fátima Aranha de Queiroz et al. Sucata vira brinquedo: tradução a partir de restos. *Psicologia & Sociedade* [online], v. 19, n. 2, p. 114--121, 2007. Disponível em: <http://www.scielo.br/scielo.php?pid=S0102-71822007000200015&script=sci_abstract&tlng=pt>. Acesso em: 22 dez. 2017.

OLIVEIRA, Ana Claudia Mei Alves de. Lisibilidade da imagem. *Revista da Fundarte*, Montenegro, v. 1, n. 1, p. 4-7, jan./jun. 2001. Disponível em: <http://seer.fundarte.rs.gov.br/index.php/RevistadaFundarte/issue/viewIssue/10/31>. Acesso em: 22 dez. 2017.

SILVEIRA, Sonia Maria. Teatro de bonecos na educação. *Perspectiva*, Florianópolis, v. 15, n. 27, p. 135-145, jan./jun. 1997. Disponível em: <https://periodicos.ufsc.br/index.php/perspectiva/article/view/10566/10102>. Acesso em: 22 dez. 2017.

Sites consultados

ACTION Painting. In: *Enciclopédia Itaú Cultural de Arte e Cultura Brasileiras*. São Paulo: Itaú Cultural, 2017. Disponível em: <http://enciclopedia.itaucultural.org.br/termo350/action-painting>. Acesso em: 22 dez. 2017.

CASA da Música (Salvador, BA). Disponível em: <https://casadamusicabahia.wordpress.com>. Acesso em: 22 dez. 2017.

DORIVAL Caymmi. Disponível em: <http://www.dorivalcaymmi.com.br>. Acesso em: 22 dez. 2017.

JACKSON Pollock. National Gallery of Australia. Disponível em: <http://nga.gov.au/Pollock>. Acesso em: 22 dez. 2017.

MARIO Cravo Neto chega ao IMS. Instituto Moreira Salles. Disponível em: <https://ims.com.br/por-dentro-acervos/mario-cravo-neto-chega-ao-ims>. Acesso em: 22 dez. 2017.

Dissertações/Monografias

OLIVEIRA, Leonidas Henrique de. *Ciranda pernambucana uma dança e música popular*. 2007. 36 p. Monografia (Especialização) – Faculdade Frassinetti do Recife, Recife. Disponível em: <http://www.ladjanebandeira.org.br/cultura-pernambuco/pub/m2007n06.pdf>. Acesso em: 22 dez. 2017.

ROSSI, Dorival Campos. *Forma e cor*: paradigmas de uma poética espacial. 1996. 157 p. Dissertação (Mestrado em Arquitetura) – Faculdade de Arquitetura e Urbanismo, Universidade de São Paulo, São Paulo.

SPINELLI, João. *Tomie Ohtake*: o antigo e o novo na obra de Tomie Ohtake. 1985, 92 f. Dissertação (Mestrado em Artes Visuais) – Escola de Comunicações e Artes, Universidade de São Paulo, São Paulo.